最強の英傑たちに学ぶ

勝ちの掟

Law of win

津本 陽

Yô Tsumoto

SOGO HOREI

はじめに

策謀と決断

戦国時代は応仁・文明の大乱（一四六七〜一四七七）のあと、約百年間にわたって続いた下剋上の時代である。

朝廷、室町幕府の権威が地に堕《お》ち、無法時代がはじまった。実力を備えた家来が主人を討ち滅ぼしてその所領を奪い、さらに勢力拡大をはかる。弱肉強食が当然のこととしておこなわれ、果てしない権力抗争が日本全土ではじまったのである。

頼るべきはわが頭脳と膽力《たんりょく》のみで、敵対するものは肉親でも容赦なく滅亡させる。餓狼《がろう》の群れが血みどろの生存競争をつづけた。中世荘園制度から近世封建制度へ移行し、織田・豊臣の世を経て、徳川幕府創設に至るまで、凄まじい権力闘争の波浪のなかで、われわれ日本人はどのような生きかたをしてきたのか。

押し寄せる怒濤に飲み込まれず、生きのびるための知恵をはたらかせた者だけが、相応の成果を得て、家系を伝えることができた。

ただぼんやりと生き、工夫をしない者は底なし沼に吸いこまれるように没落し、消えうせていく。生き残る者は、必死で情報を集め、他人にできない工夫をして、新機軸《きじく》を考えだした。親、息子、孫と、代々工夫をこころがけねば、眼前に破滅が大きな口をあけて待っていた。

当時の日本では、生まれてから死ぬまで平和な時を知らなかった人がいくらでもいた。

戦いの時代と平和な時代に生きた人は、まったくちがう生活感覚を持っている。自己保存本能、闘争本能、死生観。スポーツ感覚と殺し合いの気魄は、緊張感において天地の差がある。

一度の野戦《やせん》に全存在を賭けた戦国大名の立場は、想像するだけでもすさまじい。彼らの策謀と決断をかえりみることは、私たちの身内に睡《ねむ》る野性をよびさますにちがいない。

最強の英傑たちに学ぶ 勝ちの掟 **目次**

第一章 織田信長
情報収集が勝敗を決する

第二章　豊臣秀吉

強運と洞察力が勝利をもたらした

第三章　徳川家康

慎重に事をすすめる大切さ

第四章 武将たち

戦国武将たちの成功と失敗

第一章　織田信長

情報収集が勝敗を決する

NOBUNAGA

1行でざっくりわかる「織田信長」

織田信長1534~1582

西暦	年号	出来事	豊臣秀吉の出来事	徳川家康の出来事
1534	天文3年	尾張(現在の愛知県)勝幡城に生まれる	(1537　尾張に生まれる)	(1546　三河に生まれる)
1547	天文16年	松平竹千代(のちの徳川家康)が織田家の人質となる		織田家の人質になる
1546	天文15年	古渡城で元服し、「三郎信長」を名乗る		
1549	天文18年	齊藤道三(美濃(現在の岐阜県)の実力者)の娘、濃姫と結婚		今川家の人質になる
1551	天文20年	父、織田信秀が亡くなり、家督を継ぐ		
1553	天文22年	富田聖徳寺で斉藤道三と会見	(1554　信長に仕える)	
1557	弘治3年	弟の信行を清洲城に招いて殺害する		
1560	永禄3年	今川義元を討ち取る【桶狭間の戦い】	【桶狭間の戦い】	【桶狭間の戦い】
1562	永禄5年	清洲城で松平元康(のちの徳川家康)と会見、同盟を結ぶ【清洲同盟】		【清洲同盟】
1563	永禄6年	娘の徳姫を、松平元康の長男、信康に嫁がせる		長男信康、信長の娘を娶る
1566	永禄8年	美濃の斎藤龍興と戦う【美濃攻略】	【美濃攻略】	三河守に任じられる
1567	永禄10年	「天下布武」(=天下を、武をもって平定する)の印章を使用し始める		
1568	永禄11年	足利義昭を奉じて京都に向かい、15代征夷大将軍にさせる		
1570	元亀元年	朝倉・浅井連合軍と戦う【姉川の戦い】長島の一向一揆が起こる	【姉川の戦い】	【姉川の戦い】
1571	元亀2年	比叡山延暦寺を焼き討ちする		
1572	元亀3年	織田・徳川連合軍、武田軍に敗れる【三方ヶ原の戦い】		【三方ヶ原の戦い】
1573	天正元年	将軍足利義昭を追放する 朝倉・浅井氏を攻め滅ぼす【一乗谷の戦い】		

1574	天正2年	長島一向一揆を攻め滅ぼす	長浜城主に命じられる	
1575	天正3年	武田勝頼軍を破る【長篠の戦い】	【長篠の戦い】	【長篠の戦い】
		越前の一向一揆を攻め滅ぼす		
1576	天正4年	安土に築城を始める	北陸撤兵、中国攻略を拝命	
1577	天正5年	松永久秀を攻め滅ぼす【信貴山城の戦い】	【信貴山城の戦い】	
1578	天正6年	朝廷より右大臣に任じられる。		
1580	天正8年	石山本願寺の門主・顕如と和睦する	【三木の干殺し】	
1581	天正9年	京都で馬揃え（軍事デモンストレーション）を行う	【鳥取城の戦い】	
1582	天正10年	明智光秀に本能寺を襲われ自害（49歳）【本能寺の変】	【本能寺の変】	
			明智光秀を討つ【山崎の戦い】	
			1583　【賤ヶ岳の戦い】	
			1584　【小牧・長久手の戦い】	【小牧・長久手の戦い】
			1586　妹を家康に嫁がせる	秀吉の妹を娶る
			1587　九州征伐	九州征伐に出兵する
			1590　【小田原の役】	【小田原の役】
			1592　【文禄の役】	
			1597　【慶長の役】	
			1598　死去（62歳）	
				1600　【関ヶ原の戦い】
				1601　征夷大将軍になる
				1614　【大阪冬の陣】
				1615　【大阪夏の陣】
				1616　死去（75歳）

勝敗は、戦う前から決まっている

012

織田信長は生涯を通じ、「闘いの勝敗というものは、戦場へ出るまでに七割がた決まっている」といっていた。

彼は、徹底した情報戦術をとっていたのである。そのような戦術をとりはじめたのは、十八歳で家督《かとく》相続して間もない頃である。

血気さかんな信長は、「鳴かずんば殺してしまえほととぎす」といわれるような短気者ではなかった。

事にのぞんで慎重をきわめ、決して無理をすることがなかった。

信長の戦いぶりを見れば、おなじ戦法を二度使ったことはない。当時、「梢《こずえ》を伝《つた》う猿猴《えんこう》」（＝木々を縦横無尽に飛び渡る猿のこと）といわれるように、千《せん》変万化《ぺんばんか》の対応をあらわす。

だが、戦場へ出るまでに勝敗の帰趨《きすう》はおおかた決まっているという戦術理論は、一貫して変わらなかった。

信長は家督を継いでまもなく、弟信行との相続争いで、親戚の大半を敵にまわす戦いをはじめ、そのすべてを打倒するのに六年半の歳月をついやしている。若い信長は那古屋《なごや》城で七百人の馬廻《うままわ》り衆（下級武士）を率い、難題の山積する前途をきりひらいてゆく。彼は乏しい財源のすべてを諜報《ちょうほう》戦（情報戦）と新兵器の購入にふりむけた。

信長は攻撃する相手に、全力を傾《かたむ》けた乾坤一擲《けんこんいってき》の勝負を挑まない。みずからの兵力の二、三割で幾度も小競《こぜ》りあいをしかける。執拗《しつよう》に四度、五度と小出しの攻撃をするうち相手の弱点が分かってくる。

いっぽうで諜者《ちょうじゃ》（スパイ）を放《はな》ち、敵の内情を探らせる。敵の陣営では主君に嫌われている家老がいる。派閥抗争をしている家老たちがいる。欲がふかく金品をもって誘えば、たやすくなびいてくる家老がいる。

信長はそのような者に調略《ちょうりゃく》をしかけ、内応《ないおう》（内部から裏切らせること）させる。

ついには敵の諜者まで買収してしまう。そのうえで偽りの情報を流し、自分に都合のいい時に都合のいい場所へ敵をおびきだし、敵よりも多い兵数で、敵よりも優秀な武器をもって戦を挑むのである。

このように慎重をきわめた柔軟な戦いぶりをするため、めったに敗北することがなく、負けても徹底的なダメージをうけることがなかった。生死を賭《と》した永禄三年（一五六〇）の桶狭間《おけはざま》の合戦だけが、少数をもって大敵に当たった唯一の例外である。

信長が天正三年（一五七五）五月、三千五百挺《ちょう》の鉄砲と四万人の大軍勢を率い、武田勝頼《かつより》の騎馬軍団と戦い壊滅させた、長篠設楽原《ながしのしたらがはら》の合戦は、独得の諜報戦術により武田方の諜者をすべて抱きこみ、敵を狭苦《せまくる》しい地形の谷間へ誘いこむことで勝った。

信長は岐阜城を出陣するとき、幕僚《ばくりょう》たちにいっていたという。

「四郎（勝頼）は、かならず設楽原へ出撃してくる」

彼は、戦う前から勝利のめどをつけていたのである。

諜者

忍者のこと。戦国時代において情報戦は勝敗を左右する重要な要素であったため、どの武将も優秀な諜者を抱えていた。情報収集・操作、攪乱や、夜襲、焼き討ちといったゲリラ戦を得意とした。

人の真価を見極める

016

織田信長は、先人が歩んだことのない道を、臆《おく》することなく進んだ人物である。彼は人材登用でも新機軸をひらいた。

室町時代の大名家では、血統、家柄が重んじられてきた。馬に乗る侍になるためには、侍の家に生まれなければならない。足軽、中間《ちゅうげん》、あるいは地下人《じげにん》と呼ばれる町人百姓の子に生まれた者は、どれほど力量、才能があっても、決して侍になれなかった。

信長はこのような社会の常識を無視して、才能があれば足軽、中間、地下人、浮浪者、泥棒のうちから人材を抜擢《ばってき》、活用した。

木下藤吉郎は天文二十三年（一五五四）に信長の草履取り《ぞうりと》（履物を持って供をする下僕）になり、数年のうちに小者頭《こものがしら》（主人の身の周りの世話などをする下僕のまとめ役）にとりたてられ、足軽《あしがる》、足軽組頭、足軽大将と累進《るいしん》し、やがて士分《さむらいぶん》（正規の下級武士）になった。

彼が近江長浜十二万石の城主となったのは天正元年（一五七三）である。十九年間に、草履取りが大名に出世したのである。

滝川一益《かずます》は甲賀忍者の出身で、残虐きわまりない大強盗団の首領であったといわれる。

信長はその前歴に構わず、彼をとりたてる。一益が信長の家来になったとき、四十路を過ぎていたが、操兵に巧みで敗北を知らないため、おおいに用いられ、とるに足らない葉武者《はむしゃ》（下級武士、雑兵《ぞうひょう》とも）から五万石の大名になるまで、五年足らずのスピード出世をした。

前歴にこだわらない精鋭主義をつらぬく信長の噂は諸国に聞《きこ》え、野に埋もれていた人材が彼のもとへ参集した。

当時、侍と地下人の社会はかけはなれており、地下人たちの生活知識は侍階級のそれとまったくちがった。

信長はゲリラ兵のウルトラCの戦法をおおいに活用し、敵の意表をついて、針のメドをくぐるような難局をくりかえし乗りこえていったのである。

大名にとって譜代の家来は、家中の中核である。果物の種子のようなものといってもいい。彼らは新参の家来とちがい、主人と生死をともにする。

彼らは戦闘に熟練し、兵法にもくわしい。現代でいえば大学出のインテリであるが、インテリは状況判断が明確であるだけに、発想が平凡になりがちである。

主人を失い牢人《ろうにん》となって放浪をかさねてきた者、年貢を払えないで逃げてきた潰《つぶ》れ百姓、応仁の乱以後、焼け野原となった大都市から流れてきた技術者、さらには浮浪者、泥棒たちが寄り集まった、野武士と呼ばれるゲリラには、侍とはちがった情報源、知恵がある。

彼らは土壇場《どたんば》まで粘りに粘って、侍の思いもつかない奇想天外《きそうてんがい》の戦術を用い、敵を圧倒し、一気に攻守所を変える爆発力を見せる。

信長麾下《きか》の柴田勝家、佐々成政《さっさなりまさ》らが七年かけて奪えなかった洲俣《すのまた》の要衝を、八日で占領したのは、ゲリラの蜂須賀小六《はちすかころく》であった。

石

米の単位のこと。一石は今の単位で一八〇・三九リットル。当時では一年間に成人ひとりが食べる米の量とされている。つまり、この石高《こくだか》によって養える兵士の数が決まってくる。

020

ピンチの時ほど、発想力が試される

天正四年（一五七六）春、信長は浄土真宗の大坂石山本山を包囲攻撃していた。彼は政教分離を実現するため、元亀元年（一五七〇）から石山を攻めつづけた。

本山には数万の門徒が第十一代顕如《けんにょ》上人を擁《よう》して、たてこもっている。信長は糧道《りょうどう》（食料などの補給路）を遮断する作戦をとった。陸上は五十二の付城《つけじろ》で完全に取りかこみ、蟻の這い出る隙間もない。海上は織田水軍四百艘《そう》が、木津川河口を封鎖している。

このため、本山の番衆《ばんしゅう》たちは飢えにさいなまれた。信長に追われ、備後《びんご》の鞆《とも》にいた第十五代将軍足利義昭は、石山本山を危機から救おうと、毛利輝元に誘いかけた。

「石山本山が陥落すれば、織田勢が中国路へ殺到してくるのはあきらかだ。いま本山に協力し、織田信長と戦うべきだ」

輝元はそれまで中立を守っていたが、このとき義昭の誘いに乗った。六月に毛利水軍九百艘が大坂湾へ押し寄せ、紀伊雑賀《さいが》鉄砲衆と協力し、織田水軍を全滅させた。毛利水軍は、ヨーロッパでもおこなわれていた、火船の法を用いた。薪を満載した船に油をかけ点火し、敵船に風上から衝突させる戦法である。


この結果、大坂湾の制海権は毛利の手中に落ち、明石と淡路岩屋に豊の浦基地が設けられた。織田政権の基盤が根底から崩壊するのも目前の危機であった。

石山本山と毛利が同盟すれば、諸方の反信長勢力が蜂起《ほうき》する。信長は十数万の兵力を擁《よう》しているが、腹背《ふくはい》に敵をうければ壊滅するほかはなかった。

日本最強の海上勢力である毛利水軍を撃破しうる艦隊を、短期間に編成する望みはない。土壇場に立たされた信長は、伊勢の海賊大名九鬼嘉隆《くきよしたか》を呼び、厳《げん》命《めい》した。

「燃えない船をつくれ」

「さようなものは、できませぬ」

海戦の大ベテランである嘉隆は、水軍の知識をまったく持たない信長の命令を、言下《げんか》にことわった。だが、信長は考えをひるがえさなかった。

「鉄張りの船をこしらえよ」

嘉隆は世界最初の鉄甲戦艦六艘の建造にとりかかり、元亀六年六月に竣工《しゅんこう》させた。六艘に五千人が乗れる大船で、船底に切石《きりいし》を敷き、しっくいで練りかため復元力を強め、吃水線《きっすいせん》上は三ミリの鉄板で装甲し、両舷《げん》に無数の大鉄砲（三十匁玉篇）をつけ、総矢倉《やぐら》造りとして、前矢倉に国友《くにとも》鍛冶が鋳造《ちゅうぞう》した三門の口径十三センチ、一貫匁玉筒を搭載していた。

イギリス海軍が軍艦に鉄を用いはじめるより二百年早くできた装甲艦は、ただちに伊勢大湊から大坂湾へ回航され、同年十一月、毛利水軍七百艘と砲火をまじえ、敵を撃破《げきは》壊走《かいそう》させる大戦果をあげ、「海上の長篠合戦」と世に喧伝《けんでん》された。

素人が玄人をはたらかせ、大ピンチを切りぬけた稀有《けう》の実例である。

国友鍛冶

国友（現在の滋賀県長浜市国友町）にいた鉄砲作り集団、およびこの地で生産された鉄砲のこと。実践によく用いられた。国友鍛冶たちはものづくりの能力が非常に高く、他にもネジや望遠鏡なども作り出した。

先入観にとらわれない

（一）

戦国百年の混乱を終熄《しゅうそく》させ、日本を中世から近世封建時代へ移行させた三英雄の、性格の特徴をとらえた狂句《きょうく》（風刺の効いた俳句）がある。

鳴かずんば殺してしまえほととぎす
鳴かずんば鳴かせてみようほととぎす
鳴かずんば鳴くまで待とうほととぎす

信長、秀吉、家康の三人の輪郭を巧みにとらえたとされる狂句は、家康をもっともすぐれた人物としているところから見て、徳川時代につくられたものであると、たやすく想像できる。

信長は、この狂句のような短絡的思考の持ち主であったかといえば、まったくちがう。彼は諸国大名たちから「梢《こずえ》を渡る猿猴《えんこう》」と呼ばれていた。情勢に応じてどのようにでも迅速に対応して、梢から梢へ飛び移る猿のように変身するといわれたのである。

信長の性格の際立った特徴は、意識のうちに何の先入観も持っていないことである。戦国期の侍は、大義名分によって行動した。彼らが依據《いきょ》した武家社会の枠組みは、「すべての武士の主人は将軍である」という約束である。

武田信玄は、将軍の補佐役になるのが生涯の念願であった。一方、ライバルの上杉謙信は、足利将軍家の分家である関東公方《くぼう》の管領《かんれい》職（副将軍）になるのが、生涯の念願であった。
彼らはいずれも、自分の生まれる以前から社会に自然物のように存在した、社会の枠組みに立脚して、行動をおこそうとした。

だが、信長は何物にも絶対的な価値を認めない人物であった。領国、金銀、官位にも、それ自体の属性としての絶対的価値を認めず、自分の置かれた状況に応じて、それらがどれほどまで利用できるかという、利用価値の判断をするのみであった。
ある状況では百であった価値が、五十になり、ゼロになる場合もある。信長が大義名分を重んじるのは、それによって他人を動かそうとするためであり、内心には何の意識の固着もなかった。

信長は父信秀《のぶひで》のあとを継ぎ、那古野《なごや》城主として七百人の馬廻《うままわ》りの衆を率いていたときも、天下政権をうちたて数十万人の家来を擁《よう》していたときも、情報の収集、分析、判断と戦略、政策の立案には余人を加えず、みずからおこなった。

彼はみずからの感性にすべての運命を託していた。

信長が家督を継いだとき、所領はわずかに八万石であった。父信秀の所領二十万石のうち十二万石はどこへいったのか。若い信長に従っていては共倒れになると見た地侍《じざむらい》たちが、わが所領の安泰をはかるため、今川義元、斎藤道三らのもとへ走ったのである。

このような状況のもとで、信長が柔軟な対応のできない人物であれば、たちまち破滅したにちがいない。危機に直面した信長は、軟体動物のように自在の対応をあらわした。

（二）

信長は、他の戦国大名とはちがう少年期を送った。彼は十三歳で元服したのち、学問から遠ざかった。

彼はいう。

「この弱肉強食の沸きかえるような乱世を生き抜くには、先人の教えを学び消化して、それを乗りこえてゆくような、迂遠《うえん》なことをしていては、生存闘争に遅れをとってしまう。俺は自分のやりかたで、人生を渡ってみせよう」

元服するまで陽明学を学んでいた信長は、その後は学問と縁を切ったので、無学である。

彼は元服ののち、十八歳で家督《かとく》を相続するまで、「乗馬」、「水泳ぎ」、「鷹狩り」「お狂い」の四種の鍛練を怠《おこた》らなかった。

乗馬と水泳は、武将のこころえておかねばならない表芸《おもてげい》である。鷹狩りも用《よう》兵《へい》の訓練、地形の観察に必要である。信長は鷹狩りに出ると、地下人《じげにん》と好んで口をきいた。地下人とは、百姓、町人のことである。尾張《おわり》国には関東と西国を往来する旅人が、街道に絶えることがない。信長は彼らから諸国の情況を聞いた。

そのようなふるまいは、大名の子弟がすることではなかった。武士と百姓町人の社会は隔絶されていて、たがいの間に情報の交流はない。大名の子は、家来のうちでもえらばれた者に対してのみ、口をきくのである。

信長はそのような制約を無視して、百姓、町人、野武士、浮浪者と話し、自由に情報を集めた。

彼は当時、侍の服装に欠くことのできない烏帽子《えぼし》、小袴《こばかま》を身につけず、茶筅《ちゃせん》髷《まげ》に湯帷子《ゆかたびら》のいでたちで外出した。

彼は乱世を切りぬけるためには、武士のほか地下人の智恵をも活用すべきであると考えていた。そのような考えを持った大名は、信長のほかにはひとりもいなかった。


「お狂い」というのは、合戦稽古である。円陣を作り、槍先を針鼠のように外側へつきだした敵勢にむかい、騎馬隊で突撃する。まっすぐ突撃すれば刺されるので、馬を狂ったように前後左右に走らせ、敵の陣形を崩し突入することをいう。

信長は、生涯「お狂い遊ばされる」ことが好きであった。彼が最後に「お狂い遊ばされ、鬱をお散じなされし」と信長公記にしるされたのは、天正十年（一五八二）四月武田勝頼を征伐しての帰途、富士の裾野においてのことであった。

このように、ほかの大名の子弟とはまったくちがう成長期を送った信長は、家督を継いだのち、たちまち大きな試練に遭遇する。

母親の土田御前《ごぜん》が、信長を廃嫡《はいちゃく》し、次男の勘十郎信行《かんじゅうろうのぶゆき》を相続させようとしたのである

（三）

信長は家督相続の争いがはじまっても、短期間で勝敗を決する動きをあらわさなかった。彼は自分に対抗する織田一族を平定するのに、七年近くの長い歳月をかけている。その間に弟の信行をはじめ、五人の一族を殺した。十八歳のときからはじまった相続争いは血気さかんな若者であれば、おそらく数カ月から半年以内の短期決戦を敢行したであろうが、信長は六年数カ月を費やして慎重に事を運んだのである。彼が後世にうたわれた狂歌のように、

鳴かずんば殺してしまえほととぎす
というような動きをとったのであれば、おそらくこの相続後の最初の試練である親戚との争いで消滅していたにちがいない。

信長は困難に対処したとき、柔軟自在な対応をする。彼は自分が狙った城に攻めかかるのに、まず全兵力の二割から三割を用いて軽く攻めてみて、敵の反撃をうけるとたちまち退去する。そういう小規模の攻撃を幾度もくりかえしているうちに、敵の弱点がほぼ飲み込めてくる。

このような敵の反応をうかがう作戦と平行して、彼は間者を多く出して敵の内情を探った。敵の内部には主人に嫌われている家老、派閥抗争をしている家老、それから金銭に非常に敏感に反応してくる家老などがいた。彼はそういう連中に働きかけ敵の足並みを乱す下拵《したごしら》えをする。そのうえで敵の間者をすべて吸収するのである。このような下拵えをするのに、信長は乏しい財産を投入した。

そのうえで敵の間者を味方につけ、デマを流して自分に都合のいい時に都合のいい場所へ敵をおびきだしたのである。そして敵よりも多い人数で優秀な武器を持って戦う。こうすれば戦闘は滅多に負けることはない。負けたとしても損害は軽微《けいび》で再起可能である。

信長は家督相続してから最初の試練で失敗し、そのまま消滅する運命をたどらないために慎重《しんちょう》無類《むるい》の動きをとった。十九や二十歳の血気さかんな信長がおこなったとも思えない作戦がある。彼はひとつの城を攻めて占領した時、家来たちが気をはやらし次の城を取りに行こうとすると、引きとめて兵を引いたのである。家来たちはせっかくの出世手柄を立てられるチャンスを逃したとしてはなはだ不満であったが、信長が取らなかった城は、城主の人気が段々落ちてきて、家来たちが四方へ逃げ去っていく。やがて城主自身もいたたまれなくなって城を捨て退散し、半年～一年後に信長はその城を一兵を損ずる事なく占領できるのである。

こういう戦いかたを信長は生涯おこなった。那古野城でわずか七百人の馬廻り衆を率いていたときも、安土城で十数万の軍勢を率いていたときも、信長は常に情報の収集、分析、戦略あるいは政略を立案するのはみずからの手によってであったが、彼の百回になんなんとする戦闘の足跡をみれば同じ戦い方をしたことは一度もない。しかし、戦闘の底に流れる理論はただひとつであった。信長の戦術理論というのは、戦いの勝敗は戦場において決するのが三割で、七割は戦場へ出るまでに決まっている、という謀略情報優先主義である。彼はこの戦術理論を終始一貫して用いた。

（四）

桶狭間《おけはざま》の合戦は、信長が運命を賭けての大勝負であった。今川義元が二万八千の軍兵を率い西上してくれば、信長は踏みつぶされると世間では見ていた。

信長は六年半の歳月をついやし、みずからに敵対する織田一族を平定したが、尾張五十六万石を手中にしたわけではない。せいぜい十二、三万石を支配していたにすぎない。

残りの四十数万石は、今川義元、斎藤道三ら近隣強豪の版図にくみいれられた。

尾張の地侍たちは、先をあらそい義元に帰服した。三河との国境の二郡は、完全に義元の支配下にあったといわれる。

信長の居城の清洲《きよす》城は、三つの頭の蛇に狙われていた。ひとつは東北方の科《しな》野《の》城、ひとつは南東の笠寺城、いまひとつは南西の蟹江城でいずれも今川方の據点《きよてん》である。信長の動員しうる兵力は、一万石につき三百人の計算で、三千人強となる。国境の砦に最低千人を置かねばならないので、作戦上用いうる勢力は、たかだか二千人であった。

当時の軍隊の戦闘能力は、人数によって上下する。二千人が二万八千人と正面から激突すれば、短時間のうちに蒸発する。

義元が西上してくれば、信長は降参するか、逃げるか、いずれかをえらばねばならない。そうでなければ、破滅する。

信長が家督を相続して間もない頃、彼より三歳下の秀吉は、木曾の川湊である津島湊の豪商《ごうしょう》のもとで子守りをしていた。

彼は、このまま埋もれるのはいやだと思いたち、ある日、赤ん坊を井戸枠にくくりつけ、出奔《しゅっぽん》した。侍になるためである。

猿、あるいは小猿と呼ばれていた秀吉は、すぐ近くの那古野城に信長がいるのに、彼の家来になろうとはせず、駿河の今川義元の家来になろうとして東へむかい、途中、浜松曳馬《ひくま》川の畔《ほとり》で、義元の部将松下嘉兵衛と出会い、小者にとりたててもらい、侍奉公の第一歩を踏みだした。

そのとき、秀吉が信長の家来にならなかったのは、信長がまもなく、今川勢に殺されると思っていたからである。

義元が大軍をもよおし、西上してきたとき、信長は勝敗の七割を戦場へ出るまでに見きわめておくという、独特の戦術理論を用いることができなかった。

諜報を集め分析すれば、信長の敗北を示すデータばかりがそろう。冷静に判断すれば、やめたほうがいい戦いである。

だが、戦いをやめ、命を全《まっと》うしたとしても、死ぬよりも辛い余生が残るばかりだと、信長は判断した。

彼は、生涯にただ一度の、計算を度外視した合戦にのぞみ、命とひきかえに意地をつらぬこうと決心した。

彼は、なしうるかぎりの謀略戦によって、大敵に挑んだ。

（五）

今川勢が東海道を西上してくる際、かならず桶狭間を通過する。その辺りは、いまは住宅団地となり、高層アパートが林立しているが、昔は二十八の小山がつらなり、見通しが非常に悪かった。現在の地形も同様に起伏が多い。

三河から尾張へ攻めこんでくるとき、織田勢が防戦できる場所は、桶狭間のみである。今川義元はその事情を充分知っていた。

桶狭間を通過すれば、あとは平坦な濃尾平野がひらける。標高八十メートルの小牧山が唯一の高所で、桶狭間から信長の據《よ》る清洲城までは三里の田畑がつづく。五条川というちいさな流れがあるばかりであった。

今川勢は、信長の父信秀の代から、三河、尾張の国境で織田勢と戦い、地形を知りつくしていた。信長が一族との争闘に力をついやしている間、義元は尾張にわが勢力をひろめていた。

三河との国境にのぞむ尾張の二郡は、ほぼ完全に今川の勢力圏に入り、織田方の砦《とりで》は敵中に孤立しているような状態であった。

義元は事態を楽観していた。信長が小勢《こぜい》を率い奇襲を仕懸《しか》けられるのは、桶狭間しかないとすれば、物見の兵を高所に立て、圧倒的な兵力で進撃すれば、敵のつけいる隙はない。

信長は絶望的な状態のなかで、わずかでも有利な状況をつくりだそうと努力した。桶狭間の東南に接している笠寺城には、今川家随一の謀将といわれる戸部新左衛門が在城していた。

彼は桶狭間の地形をことごとくそらんじ、住民をも手なずけている。彼が笠寺にいるかぎり、信長はいかなる手をつくしても義元本陣勢に奇襲を仕懸けることはできない。

信長は笠寺城を攻略する方法を、幾通りか考えた。戸部が外出するときを狙い、仕物《しもの》（謀殺）にかけようとも思ったが、可能性は薄かった。さまざま試みたあげく、信長は義元に戸部新左衛門を殺させることにした。新左衛門に謀叛のくわだてがあると義元に思いこませるのである。

信長は、至難の謀略を実行した。彼は戸部新左衛門の書状を手にいれ、近《きん》習《じゅう》に筆跡を真似させ、偽書をつくらせた。内容はつぎの通りである。

「今川義元が西上の際、織田信長を攻撃すれば、私が本陣を急襲し、首級をあげる。織田大勝の暁には、しかるべき恩賞を申しうけたい」

宛先は、信長の宿先である。

当時、どれほどの大軍団でも総大将が死ねば、たちまち作戦を中止し、退陣するのが当然とされていた。手柄をたてても褒美をもらうあてがなくなるからである。

このため合戦に際し、首将が謀殺される例が多かった。

（六）

戸部新左衛門の偽書を、今川義元の目に触れさせる役割を果たしたのは、森可成《よしなり》である。本能寺で信長に殉じた小姓（側仕え）として有名な、蘭丸の父可成は、兵具商人に化けて駿府《すんぷ》（静岡）におもむき、それまで幾度か商品を売りこんだことのある、今川家の侍大将のもとをおとずれ、鍔《つば》を買わせようとした。

侍大将は鍔をつつんだ皺だらけの反古《ほご》をひらく。

「この筆つきは、いずれかで見たおぼえがあるが。これは能書《のうしょ》（字がうまいこと）で知られた戸部殿の手跡だわ」

侍大将は文面を読みくだし、顔色を変えた。「汝はこの反古を、いずれで手に入れしか」

可成は文字を読めないふりをして、おどろいてみせる。

「それは先月に、那古野のお城下のさるお侍さまのお屋敷へ、商いに寄せていただいたとき、包み紙として頂戴いたしてござります。なんぞ、お腹立ちなされるようなことが書かれておりますか」

「汝《うぬ》に用はなし。反古は置いてゆけ」

侍大将はただちに登城し、主君義元に反古をさしだした。義元は一読すると、新左衛門のもとへ召喚の使者を出し、駿府へ連行する途中で斬殺させた。当時、家臣の謀殺に対する大名の措置は、迅速をきわめた。疑わしきものは事の真偽をたしかめることなく、ただちに処断しなければ、反撃される危険があった。

信長は、強敵をみずからの刃を用いることなく抹殺した。


桶狭間合戦のはじまった五月十九日朝、織田方の丸根、鷲津の二砦は二刻（四時間）の激戦ののち陥落し、九百人の将兵が全滅した。信長の率いる残存兵力は、二千余人である。蜂須賀小六《はちすかころく》ら、信長に協力するゲリラ兵たちは、百姓姿に扮し、義元本陣旗本備《はたもとそなえ》え五千人の足取りをたしかめ、逐一、信長に通報していた。

義元の、二万八千人の軍勢のうち、一万三千人はすでに尾張領内に乱入した。桶狭間の南にある要衝、大高城には松平元康（家康）の二千五百人が入っている。

義元本陣勢（主要部隊）五千人のうしろに、七千五百人の殿勢《しんがり》（軍の最後尾を守る軍隊）がつづいてくる。今川勢は思いあがっていた。

彼らの物見《ものみ》は、かさなりあう小山の麓《ふもと》にあらわれては隠れる織田勢を発見してもあざ笑うばかりで警戒しなかった。弱小な敵を見くびっていたのである。

信長は絶望的な状況のうちにあって、執拗に反撃の機を狙う。暑熱を避け、東海道をはずれ、緑陰に憩《いこ》ううち、豪雨に見舞われた今川勢が、雨後、隊伍をととのえ大高城へむかうとする間隙を衝いた信長の急襲は、味方の謀殺と誤認され、同士討ちにより思いがけない惨敗となった。信長の必死の粘りが功を奏したのである。

（七）

信長は、社会常識をまったく無視した施策、戦法により、死中に活を見出した男である。

彼が社会のあらゆる階層から人材を発掘したことは、現代ではさほどめずらしくうけとられないであろうが、当時では天地がさかさまになっても、ありえないことと見られていた。

武士社会と、町人・百姓の地下人社会は、はっきりと区別され、たがいの交流はない。

大名は、家来のうちで口をきく者がきまっており、相手をかまわず声をかけることはない。この風習は幕末まで残っていた。

大名が湯殿に入るとき、垢《あか》すり坊主がひかえているが、言葉は交わさない。湯がぬるいときは、「ぬるい、ぬるい」とひとりごとをいう。垢すり坊主はそれを廊下で待っている小姓に伝え、小姓は大名に話しかける権限を持つ上司に知らせ、はじめて湯が運ばれてくる。

大名が奥御殿にいるとき、茶がほしいと思っても、御側女中《おそばじょちゅう》（直接給仕する役目の女性）に命じることはできない。まず老女（側仕えの中で最高の役職）に命じ、老女は若年寄《わかどしより》（老女よりひとつ格下の役職）役の女性に命じ、若年寄が女中に茶をはこばせて、ようやく茶が飲める。

このように厳重な縦社会の規則が、中世以降、延々とつづいてきた。地下人が武家社会に加わっても、戦国時代は足軽どまりで、そのうえの出世は望めなかった。

信長だけが、出自《しゅつじ》を問題にしない実力本位の人材抜擢をした。彼が桶狭間合戦で、奇跡の勝利を得てのちは、尾張五十六万石の身代《しんだい》がすべてわがものとなった。領内に他の大名勢力が入りこんでこなくなったのである。

戦国期は、一万石につきおよそ三百人の兵を動員できたと見られている。五十六万石では一万六千人ほどの兵力を擁《よう》するわけである。だが、それだけでは天下統一にのりだす力はない。

信長が天下に雄飛するためには、近隣の大国、美濃五十四万石の併呑《へいどん》がどうしても必要であった。美濃の斎藤龍興は、北伊勢の地侍家に狙われている。南伊勢には北畠具教《きたばたけとものり》がいるが、さほどの戦力はない。南北伊勢の石高は八十数万石である。

信長が美濃を取れば、伊勢も掌中のものとなり、総計二百万石の大勢力となり、およそ六万人の兵を動かすことができるのである。

だが、美濃を取るのは至難のわざであった。木曾川を渡河しての作戦が、当時の軍団の戦闘力ではなりたたない。川幅が七キロも八キロもあり、伊勢湾が犬山城の辺りまで入りこんでいるような地形である。

信長は、武士の力では成功できない渡河作戦を、地下人の力でやりとげた。信長のように、武士と地下人を平等に登用した大名は、幕末までひとりもいなかった。

（八）

信長は、永禄十一年（一五六八）九月、足利義昭を奉じて上洛し、義昭を第十五代将軍に就けたあと、広大な分国《ぶんこく》（直轄領）を支配することになった。急膨張した支配地には、旧領主の支配体制に組みこまれていた地侍たちがいる。彼らは、あらたな支配者の方針に容易に従わない。こういう状況のもとでは、叛乱が諸方におこる可能性があった。叛乱は新支配地にまたたく間にひろがり、手がつけられない状況になって、支配者が殺される破局に至ることがめずらしくない。

このような危険が予想されるとき、新支配者は、つぎの閉鎖三原則によって分国の異変を未然に防ごうとする。

一、橋は主要なものを残し、すべて破壊する。
一、道路を新規に開発せず、旧来の街道は関所により、通行人の検問を厳重におこなう。
一、本城の城下へ、他国からの旅行者を近づけない。

信長は、この三原則を守らず、すべて反対の開放策をとった。彼は分国内の至るところに橋をかけ、大、中、小三種類の道路を開発する工事をおこなう。数万人の人足《にんそく》を動員し、火薬で丘陵を爆破する大工事である。そのうえ居城である岐阜城の城下には、東海道、中山道から脇道をつけ、両街道を上下する旅人をすべて城下へ立ち寄らせ、一泊させた。命令に従わない者は街道を通さない。

このような信長の措置を知った隣国の大名たちは、あざ笑った。

「何事にも出過ぎたるまねばかりをいたしおる信長も、このたびばかりはみずから墓穴を掘ったるぞ」

彼らは、まもなく織田分国のうちに大叛乱がおこり、信長が破滅すると見た。世間の常識とまったくあい反する信長の行動は、気が狂ったとしか思えない。

誰も歩いたことのない方向へ進む者には、破滅の運命が待っているばかりであると、考えない者はいない。閉鎖三原則は、長い年月の間に先人たちが経験から割り出したものであった。


信長の新方針は、大失敗を招くものと予想されたが、いっこうに破局がおとずれなかった。橋をかけ、道路を新設し、城下に旅行者を立ち寄らせる政策により、織田軍団の機動性が飛躍的に増大し、情報の伝達がきわめて迅速になり、商工業が大発展した。

信長の新政策の失敗を待っていた諸大名は、結局彼のきりひらいた方針をみずからもとるようになった。

信長は常識にそむき、前例を無視することを恐れず、専門家たちを自在につかいこなす、偉大な素人であった。

（九）

戦国大名は、わが領国を直接支配していなかった。大名と領民との間、地侍という中間搾取層があった。

地侍の所領は、主人からもらったものではない。下剋上の機運に乗じ、応仁の乱以前までの支配階級所有の荘園を、横領して得たもので、独立の在地領主である。

大名は、領民から年貢米などの諸税を取りたてようとすれば、地侍を通じなければならない。地侍は、なるべく諸税を払うまいとする。無理に取りたてれば、謀叛がおこる。

このため、戦国大名の財政は、いずれも豊かではなかった。また、農繁期には地侍たちが野良仕事をするので、兵を動かすことが困難である。

信長が上洛する以前、足利幕府の実権を握っていたのは、阿波から出て、畿内の大領主となっていた三好長慶《ながよし》である。彼の養子義継《よしつぐ》と家老松永久秀は、十三代将軍義輝を弑し、十四代義栄《よしひで》を立てたほどの傍若無人のふるまいをしたが、天下一統をなしとげることができなかった。大兵を動かすほどの財力がなかったためである。

財力不足であったのは、三好家の支配する領国の地侍たちの実力が強く、思うがままに頤使《いし》できなかったことによる。

戦国大名のうちで、わが領内の地侍たちを、独立在地領主の立場から、知行取りというサラリーマンに変えたのは、信長が最初であった。

信長は、信玄、謙信、北条氏康ら群雄の思いつかなかった、奇抜な着想によって、中間搾取層を解消した。

彼はまず、関所の撤廃を実行した。当時の関所は、江戸時代のそれとはちがう。葡萄《ぶどう》の房と形容されるほど大名領国のなかに何百の粒のように割拠《かつきよ》していた、大小さまざまの地侍は、領地の境界に幾つもの関所を置いていた。

彼らの関所は、領地ではたらかせている下人《げにん》と呼ぶ、なかば奴隷のような身のうえの百姓たちが、夜中にひそかに作物を売りに出たり、逃散するのを取り締まるためのものである。

また旅人から通行税を取りたてる目的もあった。これらの関所は、胡麻を撒いたようにあった。伊勢桑名から日永《ひなが》までの四里の間、六十五カ所置かれていたとの記録がある。

信長は、これらの関所をすべて撤廃させることにした。彼はあるとき突然、その方針をうちだす。あらかじめ知らせておいて、地侍たちが相談しあう余裕を与えなかった。彼はいう。

「お前たちは関所の維持に金がかかるだろう。どこへゆくにも、物を運ぶにも通行税をとられる。いっそ、すべての関所をとりはらってしまえ。そうすることが繁栄につながるのだ。領地は私が守ってやろう」

なかば強制の意をこめた要求である。

（十）

地侍たちは、信長の関所撤廃の方針に応じないわけにはゆかない。信長の意に反すれば、今後どのような難題をもちかけられるか知れなかった。

信長はいった。

「関所をとりはらったとて、そのほうどもの領地を侵害するわけにてはなし。安心いたせ」

関所の撤廃に成功した信長は、つぎは城割り（城を壊すこと）をはじめた。

「城は一国に一城にて用の足りるものだわ。いらざる費《ついえ》は避けるがよい。もし戦がおこらば、儂《わし》が後巻《うしろま》き（後援）に出ずるゆえ、気懸りもないのだぞ」

地侍たちは、彼らの領内にある山城、砦をすべて取りはらわれた。

信長はこれらの施策をおこなったうえでしばらく事態を静観する。

やがて地侍たちは、領内の百姓たちの反抗に悩まされるようになった。それまで地侍たちの苛酷な圧政に耐えてきた百姓たちは、主人の戦力が弱まったと見て、命令の通りに動かなくなった。

関所がとりはらわれたので、他所へ作物を売りに出かける者が多い。彼らは徒党を組み、地侍が咎《とが》めると、反抗する。刀狩りがおこなわれるのは、秀吉の時代になってからである。当時は、百姓も落武者狩りで手にした刀槍を持っており、侮《あなど》れない戦力となる。

関所と城砦《じょうさい》を失った地侍たちは、弱腰にならざるをえなかった。それまで取りたてていた貢納の半分を得ることさえ、むずかしい状態になった。

信長は、地侍がしだいに領地の支配権を失ってゆくのを見越していた。頃あいを見はからい、彼らを岐阜城に呼び寄せる。

「そのほうどもは、年貢をとりたてられず、難儀《なんぎ》いたしておるであろうが。この際、領地を離れ、儂の直臣《じきしん》（家来）として城下に住むがよい。そうすれば、そのほうたちのいままでと変わらぬ物成《ものな》り（年貢収入）を、儂が知行《ちぎょう》（給料）としてつかわしてやらあず」

信長は、直臣となるのを希望する者に、指出《さしだし》をさせた。指出とは、書類上の検地である。地侍たちは、実際の貢納収入をいくらか水増してさしだすが、信長はそれをうけいれ、知行として与えることにした。

こうして、小規模ながら独立領主であった地侍たちは、サラリーマンの身の上となった。

信長は彼らの領地であった村々に、村役人を派置し、下人と呼ばれていた百姓たちが所帯を持ち、荒地を開墾《かいこん》して自作農となるのを奨励した。この結果、日本の耕地は激増する。徳川幕府が成立するまでの数十年間で、日本の耕地面積は三倍、人口は二倍となった。

（十一）

信長の新兵器活用の、積極性を見てみよう。天文十二年（一五四三）中国海賊王直の船が種子島に漂着し、積まれていた火縄銃二挺《ちょう》が、日本に伝来した。

ポルトガル製の鳥銃であったといわれるが、日本人はそれを二十五年ほどの間、世界でもっとも水準の高い軍用銃に改造し、最大の銃器生産国となった。元亀元年（一五七〇）、信長が大坂石山本山を攻めた頃、畿内には二万挺の銃器があったといわれる。

だが、伝来して間もない頃、鉄砲は「鳥威《とりおど》し」ともいわれ、きわめて不完全な武器であると見られていた。

値段は一挺につき米十五石と、眼をむくほどの高値である。当時、足軽ひとり年間の扶持《ふち》は、一日玄米五合の計算により、一石八斗である。

永禄（一五五八〜六九）のはじめまでは、鉄砲の取扱いに習熟した射手がすくなかった。せっかく高価な武器を買いいれても、射撃すれば十メートルほど前に落ちてしまったり、不発のこともある。

武田信玄、上杉謙信も鉄砲を三百数十挺購入した。謙信は春日山城下に鉄砲鍛冶を置いたが、二人は、騎兵の突撃を戦力の中心と見ていた。

当時、鉄砲を撃つための火薬は、硫黄、木炭、硝石粉末で、いずれも吸湿性がきわめて高い。晴天、曇天、雨天と、天候によって火薬の調合割合を変えねばならない。闇中や、雨天では射撃できない。

このような悪条件は、射撃の習熟によって解決できることであったが、中世の覇者たちは、取扱いに面倒な新兵器に冷淡であった。

信長は三方ケ原《みかたがはら》の戦いのおこなわれた元亀三年（一五七二）になっても、印地打《いんじう》ちをおこなっている。印地とは周辺を刃物のように薄くした、直径十センチほどの石である。白兵戦をおこなう直前、数百人の投石兵が敵に石を投げる。子供の喧嘩のようであるが、実践ではこれが大きな威力を発揮した。信長はこのような時代遅れの戦法は、発展がないと見ていた。彼は弱小な存在であった頃から積極的に新兵器をとりいれる。

天正三年（一五七五）五月長篠設楽原《ながしのしたらがはら》で、扶桑随一《ふそうずいいち》（日本最強）といわれた武田勝頼の騎馬軍団を、信長は三千百挺の鉄砲の乱射によって壊滅させた。

それは、世界陸戦史上最初といわれる壮挙である。二度目に同程度の規模の銃撃戦がおこなわれたのは、七十年後、ヨーロッパ三十年戦争の後期においてのことである。
信長は、誰も通らなかった方向へ平然と歩みだし、彼の通ったあとにあたらしい道ができた。

当時の格好

文中に出てきた烏帽子とは、ひな人形のお内裏様がかぶっている細長い帽子のことである。また小袴は、現在でも剣道や弓道などで使われる袴のことである。

一方、茶筅髷とは今のポニーテールのように上でただ括っただけの髪型であり、湯帷子は今の浴衣の原型である。

縦社会を重んじる当時において、かなり不躾な格好であったことだろう。

決断するときほど、慎重である

（一）

信長の事蹟をたどっていると、目につく特徴がある。それは、彼が「鳴かずんば殺してしまえほととぎす」といわれるような気のみじかい男ではなかったことを裏づける、慎重きわまりない戦機の読みかたである。

戦国の武将たちは、野戦に出て敵味方入り乱れて争闘すれば、どれほど大勢の家来たちに護られていても、生還できるか否かは分からない。すべては運任せであった。

それで生きている間に、一刻も早く成果を手にしようと望み、勝利を焦りがちである。

だが信長は敵と戦うとき、ふしぎな動きをあらわす。敵が敗北し総崩れになったとき、徹底して追撃し、一挙に窮地に陥れようとしない。

敵をいったん見逃し、その後の情勢をうかがっていて、相手を容易に潰滅させる見込みがついたとき、はじめて全力を傾け、撃滅する。

信長は軍学を嫌い、無学であった。彼はわが感性のみで、乱世を縦横にきりひらいたが、わきかえるような生存闘争のなかで生き残れたのは、常人のまねのできないほどの用心深い性格であったためである。

彼は天文二十年(一五五一)、父信秀の死によって遺領を相続したのち、同族との争いをはじめるが、その時分から鋭鋒をあらわした。

逃げる敵を深追いせず、手中にできる戦果を、二十歳前後の血気さかんな信長が見逃す。戦力を燃やしつくすことなく、余裕をたくわえ引き揚げ、あらためて戦機をうかがう。

その間に敵の内情を調べあげ、裏をかく情報作戦を休みなくおこなう。当然、戦は長びくが、信長は功を急がない。彼は用心深い行動によって生きのびる。一度つまずけば、破滅につながる危険な道を、ゆっくりと進んでいった。

永禄三年（一五六〇）五月、二万八千の兵を率《ひき》い桶狭間《おけはざま》に至った今川義元を、わずか三千の兵をもって倒した信長は、二十七歳であったが、その行動は慎重、冷静をきわめた。

彼は潮の引くように退却してゆく今川勢を追わず、清洲《きよす》に凱旋《がいせん》した。悠然と運命のおのずからひらけてくるのを待つゆとりがあったのである。

信長は足利義昭を第十五代将軍の座につけてのち、元亀元年（一五七〇）六月に、北近江の姉川で、盟友徳川家康とともに、浅井長政、朝倉景健《かげたけ》連合軍と戦い勝利を得た。

このときも急追せず、兵を返している。敵に油断をつかれることなく、急変にそなえ余力を残し、機の熟するのを待つ戦法で、信長はしだいに成功をおさめていった。

（二）

信長は生涯に百三十余回の合戦に出たといわれる。彼の戦は常に合理的であった。

第二次大戦中、日本軍は精神主義を強調し、戦備の不足を精神力で補おうとしたが、信長はそのような考えは持っていなかった。情報を充分に集め、敵の内情を探り、内部分裂をはかったのちも、なお動かない。敵の情報機関まで買収してしまう、徹底的な情報作戦をおこなったうえ、敵よりも多い兵力で、優秀な武器をととのえねば戦わなかった。

彼が生涯でただ一回、小兵力で大敵に対して奇襲戦法を敢行したのは、桶狭間の戦いである。わずか三千余の兵力で、二万八千の敵に奇襲をしかけたのは、窮余《きゅうよ》の策によるものであったが、その勝利は僥倖《ぎょうこう》によるものかといえば、そうではなかった。

今川義元は、上洛作戦の際、信長を一蹴するつもりでいた。当時の軍団の戦闘能力では三千人が二万八千人と平野で戦えば、数時間で蒸発してしまう。

今川勢が三河から尾張《おわり》清洲城へ攻め寄せる間に、織田勢が攻撃をしかける可能性のある場所は、二十七、八の小山がつらなる、見通しの悪い桶狭間しかなかった。尾張に入れば、清洲までは前途をさえぎるものもない平野に、五条川が流れているのみである。

義元はその事情を熟知していた。劣勢の信長が死にもの狂いの奇襲をしかけてくるとすれば、桶狭間だと見て、付近の高所に物見を出していた。

物見たちは、信長が三千ほどの兵を率い、山の端に見え隠れするのを知っていたが、見くびって義元に報告もしなかった。

信長は、必死の一戦をしかける前に、徹底した情報作戦をおこなっていた。彼の得た最大の成果は、桶狭間の西方に位置する笠寺城主戸部新左衛門を合戦の前に謀略によって主人の今川義元に討ちとらせたことであろう。

奇襲に成功するには、それだけの手くばりをしていたのである。

（三）

信長は戦国大名のうちで、武家と地下人《じげにん》（百姓、町人）を差別待遇しなかった、唯一の人物であった。

彼が尾張五十六万石を手中に収めた七年後、当時の軍団の戦闘能力をもってしては、絶対に成功しないといわれていた木曾川渡河作戦を敢行できたのは、蜂須賀小六《はちすかころく》の率いる野武士、技術者集団の奇襲が功を奏したためであった。

信長は、狂暴であったといわれる。延暦寺焼討ち、伊勢長島一向一揆《いっこういっき》二万人虐殺、越前一向一揆一万三千人虐殺などの蛮行をあえてした、血を好む暴君であったというわけである。だが、実際はどうであろうか？

延暦寺は京都防衛の最大の軍事據点《きよてん》で、檀家総代が信長の宿敵朝倉義景《よしかげ》であったため、攻撃した。一向一揆は、信長が制圧すべき最大の敵であった。

当時、日本における浄土教信徒の数は、五百万人といわれた。イギリスの人口が三百五十万人であった時代である。浄土真宗の末寺はそれぞれ寺内町《じない》を附属させている。寺内町とは、その寺に帰依した門徒の耕す田畑で、領主といえどもそこから年貢を取りたてられなかった。

領主の権威に対抗する門徒集団である一向一揆を征服し、政教分離をなしとげるため、信長は狂気の殺戮《さつりく》をおこなう。

だが、領内の年貢取りたてにはきわめて寛大であった。秀吉は七分三民の割り合いで、百姓にきびしい年貢を支払わせ、検地を強行して、隠し田の摘発をさかんにおこなったが、信長の年貢徴集率は四公六民《しこうろくみん》であったといわれる。

彼は天下布武を実現させるためには、民心を掌握しなければならないことを知っていた。戦国百年の間、日本の米生産高は、千八百万石から二千二百万石に及んだ。

全国の人口は三千万人を超え、四千万人に接近していたが、そのほとんどが百姓であった。百姓は惣の組織をそなえていた。惣とは横暴な主人に対抗する、政治、軍事、経済の互助組織である。

信長は、惣《そう》を味方につける必要を知っていた。彼は百姓から年貢を取りたてるよりも、金銀鉱山と、堺、大津などの貿易港から取りたてる税金により、収入をふやそうとつとめる。

信長は作戦行動をするとき、掠奪《りゃくだつ》暴行をした士卒《しそつ》は、たとえ一銭を奪った者といえども処刑した。物資を買いあげるときは、時価よりいくらか高い代価を支払う。

そうしなければ、惣の組織の反感を買い、敵が間近に迫っているときでも、まったく情報が伝わってこないことを知っていた。

彼が武田勝頼を長篠設楽原《ながしのしたらがはら》で攻撃したのは、勝頼から民心が離反していた事実をつかんだためである。

惣

百姓たちの自治共同体である。農耕、冠婚葬祭、年貢の納入など生活上の決めごとを、構成員の成年男子による話し合いで決議した。会議は平和なものばかりではなく、時には不当な統治への直訴や一揆の加担なども話された。

資金は、気前良くつかう

信長は相撲が好きであった。

天正六年（一五七八）八月十五日、近江、京都の相撲取り千五百人を安土城に集め、辰の刻（午前八時）から酉の刻（午後六時）までかかって、盛大なトーナメントをおこなった。

奉行には津田信澄《のぶすみ》、堀秀政ら名高い武将十余人があたった。相撲が終わったのは、日暮れどきであった。信長は勝者にたくさんの褒美を与え、そのうちで特に技倆《ぎりょう》のすぐれた者十四人に、小判をうちのべてこしらえた金の熨斗《のし》つきの太刀、脇差《わきざし》と領地百石、屋敷までつけて与えた。天下の覇者にふさわしい大盤ぶるまいである。

信長が大盤ぶるまいで気前のよさを見せた例は、ほかにもある。

天正十年（一五八二）正月二十五日、甲斐の武田勝頼征伐に出陣する直前に、皇大神宮《こうたいじんぐう》御師《おし》（神職）上部貞永《うわべともなが》が安土城にきて、近習《きんじゅう》の堀秀政に寄付を頼んだ。

「皇大神宮（内宮《ないぐう》）と豊受《とようけ》大神宮（外宮《がいぐう》）は、二十年ごとに造営する式年遷《しきねんせん》宮《ぐう》の例がありますが、財源が窮迫《きゅうはく》しているため、内宮は寛政三年（一四六二）、外宮は永禄六年（一五六三）以降、遷宮をおこなっていません。こんど信長公のご尽力をいただき、ぜひ実施したいと存じます」

信長は秀政から報告をうけると、たずねた。

「遷宮をする費用は、どれほどいるのか」

「御師がいわれるには、千貫文さえあれば、そのほかは一般からの勧言《かんげん》（寄付）でまかなうとのことですが」

信長はしばらく考えていたが、首をふった。

「なかなか千貫では足るまい。おととし、石清水八幡宮造営をおこなったが、はじめは三百貫でよいと申していたが、千貫でも足らなかった。民百姓に迷惑をかけるのは考えものだから、まず三千貫を与えよ。その後にも入用《いりよう》しだいにつかわせ」

信長は、さしあたって三千貫を寄付することにした。

岐阜城の金蔵には、一万六千貫の銭が納められている。信長は森蘭丸に命じた。

「お前は岐阜の信忠のところへ使いにゆき、伊勢神宮の普請《ふしん》がはじまれば、御師に鳥目三千貫を与えよ。銭をつなぐ縄が腐っていることであろう。いまのうちにつなぎなおすよう申し伝えよ」

岐阜城主は嫡男の三位中将信忠であった。

このような例を見れば、信長が戦国大名のなかでも際立って財力にめぐまれていたことが分かる。
戦国の世では、豊作の年でも経済流通が円滑でないため、物資が一カ所に停滞するばかりである。絶対の権力者である大名も、貢納の取りたてに苦心するのが常であった。

貫
当時の通貨単位。永楽通宝など、中国から輸入された銭貨を千枚連ねたものが一貫である。当時は、一貫で米一石程度であった。

宣伝は、大胆にやる

068

（一）

織田信長が安土築城の計画をたてたのは、天正四年（一五七六）正月であった。

石垣築造は四月一日からはじまった。畿内諸国のほか、尾張、美濃、伊勢、三河、越前、若狭の侍たちは、すべて工事に参加した。

石材は遠方から千個、二千個とまとめて送られてくる。石奉行たちは、それを大石と小石に撰《よ》り分け、用途を定めた。

蛇石と呼ばれる巨大な名石を、羽柴秀吉、滝川一益《かずます》らが、一万人の人足に曳かせ、安土山上へ三日がかりで曳きあげた。当時、信長は日本の中央部にあたる十三カ国を領国としていたが、安定した統治基盤はできあがっていない。東北の上杉、東の武田、西の毛利、南方の紀伊雑賀《さいが》、根来《ねごろ》の勢力は、信長にとって大きな脅威であった。

領国を守るために、岐阜は京都に遠く、規模もちいさい。安土は琵琶湖南岸の交通の要衝《ようしょう》である。京都へ一日の行程であり、北へむかえば北国道、東へむかえば東海道に通じ、伊勢、紀伊にも往来が便利なところである。

信長は尾張統一をめざしたとき、居城を那古野城から清洲城へ移した。ついで美濃進攻のため、小牧山城に移る。

美濃を手中にすると、上洛の目的達成のため、岐阜城を居城とした。いまみずからの「天下」政権を確立するため、安土に進出するのである。信長は情勢の変化にともない、居城を移すことをためらわない。

新城は、わが権威にふさわしい大建築としなければならなかった。

諸国大名のうちで、十万人の兵力を動員できるのは、信長だけであった。十万人の兵糧は、一日分で米五百石。一カ月で一万五千石。四斗俵で三万七千五百俵。

そのうえ、馬糧、陣営具、弾薬などをととのえ、兵站《へいたん》能力を万全にするためには、莫大な財力が必要であった。

彼は衣食住にあらわす贅沢には、まったく興味をあらわさない、倹約家である。贅沢をするのは、みずからの権威と富力を誇示して、他者を威服させようと考えるときであった。

戦国争乱のさなか、信長は常に滅亡の危惧に悩まされ、野獣のように闘争本能をとぎすましていた。

天正元年（一五七三）八月、強敵の朝倉義景、浅井長政を滅ぼした信長は、翌年正月元日、岐阜城へ参賀に集めた大名小名に酒肴をふるまった。

饗宴の最中に、信長は近侍《きんじ》（側仕え）に黒漆塗りの箱を持ちださせ、そのなかから三個の金箔をかけたされこうべを取りだして、皆に見せた。それは朝倉義景、浅井長政父子の首であった。
そんなことが座興《ざきよう》とされるほど、すさんだ世情であった。

（二）

信長は武家の頭領として、「天下」と呼ぶ中央政権を確立しようとしていた。彼は安土城に、これまで前例のない七層の天守を築くことにした。十二間（約二十四メートル）の石垣をふくめ、全高三十間（約六十メートル）に達する五層七階の天主の高楼が、安土山上に屹立《きつりつ》すると、信長の権勢は諸国に響きわたった。

安土城の装飾は豪壮をきわめていた。ポルトガル・イエズス会宣教師はいっている。
「信長が安土山の頂に築いた宮殿と城は、その構造と堅固さ、財宝と華麗さにおいてヨーロッパのもっとも壮大な城に比肩しうるものである。（略）城の中央には、天主と呼ぶ一種の塔があり、われら（ヨーロッパ）の塔よりはるかに気品がある」

徹底した現実主義者で、冗費《じようひ》を一切省く信長が、安土城を建築するために莫大な経費を惜しまなかったのは、大城郭によって全国の武士と庶民の目を奪い、彼らを畏怖させるためであった。

信長は四方に大敵をひかえ、政権の基盤はいつ転覆するかも知れない危険にさらされていた。上杉、武田、毛利、紀伊根来は、彼がいずれ対決しなければならない強敵であった。全国に五百万人いるといわれる本願寺門徒は、もっとも手ごわい相手である。

豪壮な安土城は、鳥獣が闘う前に敵を威嚇するため、羽根をひろげ、体毛を逆立てるしぐさに共通していた。彼のデモンストレーションは、出費をつぐなって余りある効果をあらわした。物事はいきおいに乗っておこなわねばならない。実力さえあれば外見など構わないというのは、余裕のあるうちである。のるかそるかの大博打をうっているときは、威勢によって相手を屈伏させることが必要であった。

信長は天正九年（一五八一）、安土城の脇に摠見寺《そうけん》という寺を建立した。その寺には信長が生きながら不滅の神として祀られた。摠見寺へ参詣する者は、家運繁栄し、子女にめぐまれ、病気は癒えるという現世利益のかずかずが、門前の制札に記されていた。

天正十年（一五八二）正月朔日、安土城は、信長連枝親戚衆、諸国大小名の年賀で大混雑した。

信長は、天主の下の白砂を敷いた広場で、諸臣の年賀をうけたとき、客にわが身を拝ませ、礼銭を捧げさせた。

神仏を信じていない彼が、みずから生き神をよそおってみせたのもまた、諸人を威服させるデモンストレーションであった。

信長は宣伝の力をよく理解していた。

安土城

信長の天下統一を具現したかのような城。羽柴秀吉（のちの豊臣秀吉）が明智光秀を破った、山崎の戦いの際一部を残し焼失した。ポルトガル・イエズス会宣教師ルイス・フロイスの記述した『日本史』に、その威容が伺える。

第二章　豊臣秀吉

強運と洞察力が勝利をもたらした

HIDEYOSHI

1行でざっくりわかる「豊臣秀吉」

豊臣秀吉1537〜1598

西暦	年号	出来事	織田信長の出来事	徳川家康の出来事
1537	天文6年	尾張(愛知郡中村)に生まれる	(1534 尾張に生まれる)	(1546 三河に生まれる)
1554	天文23年	織田信長に仕えるようになる		
1560	永禄3年	織田軍、今川義元を討ち取る【桶狭間の戦い】	【桶狭間の戦い】	【桶狭間の戦い】
1564	永禄4年	浅野又右衛門長勝養女、おねと結婚	(1562 【清洲同盟】)	(【清洲同盟】)
1565	永禄8年	信長の朱印状の副状に、木下藤吉郎秀吉と署名する		
1566	永禄9年	織田軍の兵卒として、美濃の斎藤龍興と戦う【美濃攻略】	【美濃攻略】	三河守に任じられる
1570	元亀元年	織田軍の兵卒として、朝倉・浅井連合軍と戦う【姉川の戦い】 このとき、金ヶ崎の退き口といわれる戦いで、しんがり(退却時の最後尾にいること)を務める	【姉川の戦い】 (1572 【三方ヶ原の戦い】)	(1572 【三方ヶ原の戦い】)
1573	天正元年	織田軍の兵卒として、朝倉・浅井氏を攻め滅ぼす【一乗谷の戦い】 この頃、羽柴と改姓する	【一乗谷の戦い】	
1574	天正2年	今浜に築城し、地名を「長浜」と改める。筑前守を名乗る	長島一向一揆制圧	
1575	天正3年	織田軍の兵卒として、家康とともに武田勝頼軍を破る【長篠の戦い】 明智光秀等と一向宗徒を攻める【越前の一向一揆攻め】	【長篠の戦い】	【長篠の戦い】
1576	天正4年	北陸から撤退し、替わりに中国攻略を拝命する		
1577	天正5年	松永久秀を攻め滅ぼす【信貴山城の戦い】 対毛利戦の一環として上月城を攻める【上月城の戦い】	【信貴山城の戦い】	
1580	天正8年	別所長治を攻め滅ぼす【三木の干殺し】		

1581	天正9年	吉川経家を攻め滅ぼす【鳥取城の戦い】		
1582	天正10年	本能寺の変が起こる	【本能寺の変（享年49歳）】	【本能寺の変】
		攻略中の毛利氏と講和し、清水宗治を自刃させる【高松城の水攻め】		
		明智光秀を山崎で攻め滅ぼす【山崎の戦い】		
1583	天正11年	柴田勝家を賤ヶ岳で攻め滅ぼす【賤ヶ岳の戦い】		
1584	天正12年	織田信雄・徳川家康連合軍と戦う【小牧・長久手の戦い】		【小牧・長久手の戦い】
1585	天正13年	四国の長宗我部元親を降伏させ、四国を平定する		
		従1位関白に叙任		
1586	天正14年	妹（朝日姫）を徳川家康の正室にする		秀吉の妹を娶る
		大坂城にて家康と謁見する		
1587	天正15年	兵2万6000人を率い、九州島津氏を征伐するため出兵		九州征伐
1589	天正17年	側室淀殿、淀城にて鶴松を生み、大坂城に移る。		
1590	天正18年	小田原城に北条氏を攻める。北条氏直が投降【小田原の役】		【小田原の役】
1591	天正19年	羽柴秀長（秀吉弟）、子の鶴松が死ぬ		
		養子羽柴秀次、関白左大臣に任ぜられる		
1592	文禄元年	諸大名に朝鮮出兵を命ずる【文禄の役】大政所（母なか）没す		【文禄の役】
1593	文禄2年	側室淀殿が、大坂城にて捨丸（のちの秀頼）を生む		
1595	文禄4年	秀次の左大臣、関白の官職を奪い、切腹させる		
1597	慶長2年	諸大名に朝鮮出兵を命ずる【慶長の役】		【慶長の役】
1598	慶長3年	醍醐寺三宝院にて観桜の宴を開く（醍醐の花見）		醍醐の花見
		徳川家康、前田利家等の五大老に秀頼を託し、石田三成ら五奉行と誓書を交換する		五大老に任じられる
		伏見城にて死去（62歳）		

078

めぐりあわせた運を最大限に利用する

わきかえる乱世を生き抜いた戦国武将には、的確な情況判断をおこない、適切な戦略、政略を立案しうる感性と、困難に立ちむかう勇気、攻撃性、前途を誤らない先見力などが必要であるが、そのうえになくてはならないのが、強運である。

もうこれでまちがいなく衰滅《すいめつ》におもむくであろうというときに、突然運命が百八十度転換し、前途がひらけたという例は、戦国英雄たちの生涯に一度や二度はある。

秀吉は十五歳のとき、尾張の商家の子守りであったが、ある日侍になろうと思いたち家出をした。

そのとき、三歳年上の信長が清洲《きよす》にいたが、秀吉は彼の家来になろうとせず、駿河《するが》の今川義元の家来になろうとした。

信長は、やがて上洛する義元に撃破され滅亡するであろうと見たからである。

秀吉は当時、猿とか小猿と呼ばれていた。彼は針を売りつつ駿河へむかい、途中浜松曳馬《ひくま》川の畔《ほとり》で今川義元の侍大将《さむらいだいしょう》、久能《くのう》二万石の城主松下嘉兵衛《かへえ》の行列とゆきあい、お小人《こびと》に採用された。異相《いそう》が気にいられたためであるといわれる。

秀吉は松下の家中でめざましい出世をして、短いあいだに御心納戸役（秘書課長）に出世した。だが、朋輩《ほうばい》に嫉《うと》まれ讒言《ざんげん》されたので、やむなく尾張へ帰郷し、信長の愛妻生駒御前《いくこまごぜん》の兄、生駒八右衛門の屋敷に奉公し、生駒の姻戚の蜂《はち》須賀小六《すかころく》の家来となり、やがて信長のお小人《こびと》となった。天文二十三年（一五五四）のことである。

今川義元は六年後の永禄三年（一五六〇）に田楽狭間《でんがくはざま》で討ちとられた。松下嘉兵衛は主人を失い、徳川家康に奉公するようになったが、知行《ちぎょう》はわずか三百余石となった。秀吉が嘉兵衛の家来でおれば、歴史に登場する機会は失われたにちがいない。

だが秀吉は地下人《じげにん》（庶民）を侍同様に才能しだいで抜擢する主人にめぐりあう、稀有《けう》の幸運をつかんだ。

秀吉が関白となって大坂城に在城の頃、日本は世界最大のゴールド・ラッシュのさなかにあった。

彼はある日、旧主松下嘉兵衛を思いだし、家康にたずねた。

「あの男は、いまどうしておるかのん」

松下嘉兵衛は、昔とおなじ三百余石で家康に仕えていた。

「嘉兵衛は、昔儂に優しき主でありしだわ。召し出せ。」

秀吉は嘉兵衛を呼び寄せ、四千石の御咄衆《おはなししゅう》にしてやった。御咄衆とは、秀吉の相談相手になる側近である。秀吉はしばらくして、嘉兵衛に一万石を与え、もとの身分に戻してやった。

多くの競争者をおしのけ、天下人《てんかびと》に昇った秀吉の強運を、裏づける挿話である。

御咄衆《おはなししゅう》

御伽衆とも呼ばれる。主君の話し相手が主な仕事だが、相談役として政治や軍事に携わることが多く、豊かな見識や経験が求められた。秀吉は大勢の御咄衆を召しかかえており、著名な人物に織田有楽斎、佐々成政、古田織部、千利休などがいる。

082

周囲への洞察力に長ける

（一）

秀吉は、なぜ無名の地下人《じげにん》（庶民）から栄達への階段を登ってゆくことができたのか。

その条件として、まず明敏な資質があげられよう。彼は主人が望むところを告げられる前に、みずから察してそれをおこなった。

信長が天文二十三年（一五五四）に秀吉をお小人《こびと》として採用し、お小人頭《こびとかしら》、中間《ちゅうげん》、中間頭、足軽、足軽頭、足軽大将と累進し、永禄七年（一五六四）頃には士分《さむらいぶん》となり、同九年には洲俣《すのまた》攻略の手柄をたて、三千の兵を率いる武将となった。

彼が長浜十二万石の望に任ぜられたのは、天正元年（一五七三）であるから、一介の草履取りが十九年後に勝ち得た栄達は、おどろくべきものであった。

秀吉は明敏なはたらきを信長に認められ、異例の出世をしたのであるが、彼が能力を発揮するためには、部下を手足のように動かさねばならなかった。

秀吉は、部下に慕われる慈愛をそなえていた。口先だけで人を懐柔しようとしても、うまくゆかない。内心の冷たさはすぐ見破られる。

秀吉は弱者をいたわる優しさをそなえており、それが彼を出世に導いてゆく。

当時、足軽の年俸は、玄米一日あたり五合として、一石八斗であった。それだけの収入では、家族を養えない。

足軽、中間、お小人らは、家族と睦《むつ》みあう平穏な生活を願うが、実際には明日をもしれない戦闘に、駆りだされてゆく。

先に希望のない不安な暮らしのなかでの、唯一の娯楽は女色ではなく、博打《ばくち》であった。

足軽たちは、給与が手に入ればすぐ博打をうち、貯蓄などかえりみない。彼らが怪我をし、病気になれば、治療をうけることも薬を買うこともできない。症状が悪化しても寝ころんで死を待つばかりである。朋輩たちも、それを当然のこととしてかえりみない。

秀吉はそのような悲運に陥《おちい》る者を憐れみ、日頃の貯蓄をはたいて医師の治療をうけさせ、薬を与えた。

死に瀕していた下級兵士の一人を、秀吉が助けると、おなじ階級の兵士たち千人が、彼の味方になった。


秀吉が組頭として、清洲城の塀のつくろい普請をするとき、三分の一の工程で完成させることができたのは、部下を味方としていたためであった。

他の組頭が普請を監督するときは、ひたすら怠業のみをこころがける男たちが、秀吉が組頭となったときは、別人のようにはたらいた。

彼が信長から異例の抜擢をうけたのは、部下の信望を得たためである。他者への慈愛は、出世の階段を駆けのぼるための二つ目の条件であった。

（二）

織田信長が天下政権をうちたてたのち、彼に謁見した毛利家の使僧安国寺恵《え》瓊《けい》は、信長をつぎのように評した。

「高ころびに、あおのけに、ころばれ候ずると見申し候」

信長のあやうい前途を予想した恵瓊は、その麾下《きか》の将であった秀吉について、異量を認めた。

「藤吉郎、さりとてはの者にて候」

秀吉の慈悲ぶかい性格は、他者へのこまやかな配慮としてあらわれ、彼に会った者は虚飾《きよしよく》のない人柄を愛した。

他者への慈愛は秀吉を出世させたが、それは同時に両刃の剣となって彼の運命を脅かすこととなる。

秀吉は、母の大政所が亡くなったとき、悲嘆のあまり気絶したといわれる。情にあつい男であった。

彼は永禄四年（一五六一）、三十五歳で七歳年下のおねと結婚した。当時、秀吉は足軽頭であったが、その後信長が、破竹のいきおいで勢力を拡大してゆくにつれ、累進して十三年後の天正二年（一五七四）には、近江《おうみ》長浜十二万石の城主となった。

三十七歳のおねは、長浜城下の住民たちの公事《くじ》（訴訟）裁許を扱うようになる。

大名の家では、男は政治、軍事を扱う表をとりしきり、女は主人をかげで支える奥向きにいるのが普通であったが、おねは表へ出てきた。やはり庶民の出身である秀吉には、表と奥を区別する観念が薄かったのであろう。

大名家を支えるのは、先祖代々、仕えてきた譜代の家来たちである。彼らの特徴は主家と盛衰をともにする、鉄の団結である。

庶民から成りあがった秀吉には譜代衆がないので、少年の頃から子飼いで育てる直参衆を育成しなければならなかった。このとき採用試験に立ちあったのは、おねであった。加藤虎之助、福島市松、石田左吉らを採用した彼女は、のちに豊臣家臣団に大きな影響力を持つようになった。

おねは、信長にその才気を高く評価された女性である。信長は人材抜擢、精鋭主義をつらぬき、門閥《もんばつ》、血統を無視した人物であるが、能力のある者を引きたてるかわりに、酷使した。押しつぶされんばかりのノルマを背負い、連日東《とう》奔西走《ほんせいそう》する秀吉に対する信長の風当りをやわらげる役目は、おねの得意とするところであった。

秀吉と才色兼備のおねとの間に、子息が生まれておれば、前途の展望は明るくひろがるばかりであったにちがいない。

だが、嫡男は生まれなかった。このため秀吉の家庭事情は寂莫《せきばく》たるものとなった。

（三）

秀吉はおねによって、信長の譴責《けんせき》を幾度かまぬがれたことがあるはずである。

信長の人材抜擢は徹底しているが、そのかわり有能な部下を酷使した。秀吉は中国経略に大成功を収めるまで、光秀に二年遅れで出世していった。

光秀が、安土城の左の翼である坂本城の主になって、二年後に秀吉が右の翼である長浜城の主になっている。彼らの足跡をたどってみると、軍団を率い連日の移動をおこなっている。

今日は堺にいると思えば、翌日は播磨にいる。さらに丹波、若狭、美濃、伊勢と移動し大和から山城へ戻る。そのような息つく暇もない転戦のスケジュールを消化しなければ、信長麾下《きか》の部将はつとまらなかった。

万事遺漏《いろう》のない秀吉であるが、失敗するときもあった。信長はわが命令を百パーセント達成できない家来は、ただちに降格する。おねはこのような、徹底した精鋭主義の信長と秀吉との間になって、緩衝役をつとめたであろう。

天正五年（一五七七）、上杉謙信が加賀から越前に南下してきたとき、北陸探題の柴田勝家のもと、丹羽長秀、前田利家ら織田軍団の中核戦力がすべて越前から越中にさしむけられた。

戦線離脱をした者は、極刑に処される。信長は秀吉の才能を認めてはいるが、諸将へのみせしめのために、彼を処刑する可能性が充分にあった。

だが、秀吉はあえて冒険をした。中国経略の許可を信長から得て、大仕事を成功させれば、織田政府の最高の地位に昇ることも夢ではないと、考えたのである。

しかしこれは、まちがえば破滅である。豪胆《ごうたん》な蜂須賀小六でさえ、どのような裁断が下されるかを怖れ、塵《やしき》におちついていられなかったといわれる。

そのとき、おねがかならず働いたにちがいない。信長は、おねの才覚を愛していた。彼女が主人の真情を信長に告げ、意のあるところを達しなければ、秀吉は軍律違反で処断させられたであろう。

このような内助の功をそなえた女性に、秀吉は頭があがらない。彼は長浜城主のとき、秀吉は南殿という御室との間に、二子をもうけた。長男の秀勝と二歳年下の女子である。だが、秀勝は七歳で病死した。この前後に南殿と秀勝の妹の消息は断たれている。

三人は、おねによって消されたとの説もあるが、秀吉はその後もおねを糟糠《そうこう》の妻として待遇した。

（四）

秀吉は西国管領《かんれい》（地方の統括をする最高職）となって、はじめて光秀を追い越した。中国、四国、九州を経略するためには織田政権の最大の敵である毛利氏制圧という、大作戦を敢行しなければならない。

秀吉は織田家家臣のうち、もっとも重要な任務を受け持つことになった。柴田勝家の北国経営、滝川一益《かずます》の関東経営よりも、はるかに大規模な作戦をおこなうのである。

一方明智光秀は、丹波四十二万石、代官領三十万石をあわせ、七十二万石を支配する行政官僚のトップで、京都の咽喉部《いんこう》といえる近江坂本、丹波亀山の二城を預かっている。近畿軍管区司令官兼近衛師団長ともいうべき、重要な地位にあったが、その後の昇進の可能性は乏しかった。

光秀は野戦の経歴に乏しい。秀吉の中国経略の側面援助をするためにおこなった丹波経略では、強豪の波多野氏を降ろしたが、野戦ではなく城攻めをしたのみである。

城攻めは補給戦で、経理に明るい光秀は兵站《へいたん》確保が得意であった。だが、秀吉のように野戦に勝利をかさね、領土を獲得してゆく武将の才に欠けるため、彼は信長に重用されつつもみずからの限界を見きわめざるをえなかった。

秀吉は重任を果たすため、独特の機動戦を展開し、中国に破竹の進撃をつづける。当時、完全武装の軍団の移動能力は一日五里（約二十キロ）が限界とされていたが、秀吉は兵器、弾薬、兵糧を現地調達方式にきりかえ、士卒を身軽にさせ、一昼夜に二十里（八十キロ）を移動させる電撃作戦をおこなう。

光秀は秀吉の後塵《こうじん》を拝するようになって、焦った。本能寺の変は、信長が光秀をいじめたためにおこったとする説があるが、それは真実ではない。

戦国大名は、嫌いな家来は抹殺した。その手段はただひとつである。まずその家来をきわめて厚遇し、相手が気を許したところを狙い、いきなり殺す。そうしなければ、わが身が危ない。

信長のように、梢を伝う猿猴といわれるほど才智のはたらく人物が、七十二万石の大大名《だいだいみょう》である光秀を身辺に置き、いじめつづけるような危険きわまりないことを、するはずがない。

光秀は、反織田勢力との接触をはかり、諜報作戦をおこなう組織のボスであったといわれる。

彼が秀吉に追い越されて焦り、備後の鞆《とも》にいた足利義昭にそそのかされ、叛逆したのが実状であったようである。

信長が本能寺で憤死して、秀吉に大運がめぐってきた。

彼が関白の位に昇りつめるのは、その九年後である。この辺りまで、秀吉の運命は隆盛の一途をたどっていた。

（五）

秀吉は天正十五年（一五八七）と同十七年（一五八九）の二度にわたり、金《かね》賦《くば》りということをした。

現代の価値にして、約二千五百億円の金銀を、聚楽第《じゅらくだい》前庭に置きならべ、公家、諸大名に分け与えることを、二度くりかえしたのである。それは褒賞ではなかった。みずからの権威を誇示するための思いつきにすぎない。戦国期の日本は、世界最大のゴールド・ラッシュの恩恵を享受していた。

従一位権大納言で関白の座にある秀吉は、天皇の臣下で最高の地位にある

「一の人」と呼ばれていた。豊臣政権が一年間に収納する、国内金銀鉱山からの運上（税）は、百万枚といわれた。一枚と呼ぶのは十両大判のことである。当時の一両は現代の六十万円以上であるから、およそ六千億円の金銀が毎年秀吉の金蔵に集まったわけである。

秀吉は大盤ぶるまいする。二、三泊の鷹狩りに出向くときも、六、七千万円に相当する金塊を皮袋に入れ、チップに使うため持っていた。

秀吉と北政所の間に実子があれば、豊臣政権は長期の安定を保ったであろう。だが秀吉には子種がすくなかった。

天正十七年（一五八九）五月、秀吉は嫡男を得た。側室淀殿が鶴松を産んだのである。秀吉は驚喜した。

五十三歳で愛児を得た彼は鶴松を溺愛した。だが鶴松は、天正十九年（一五九一）八月に亡くなった。秀吉は三歳で夭した愛児を偲び、つぎの一首をものした。

なき人の形見に涙残しおきて
行方知らずも消え落つるかな

鶴松の死の四カ月後、秀吉は甥の秀次《ひでつぐ》を関白に任じ、みずからは太閤となり、天下兵馬の大権は依然として掌握していた。

文禄二年（一五九三）五月、朝鮮陣の指図のため、肥前名護屋におもむいていた秀吉のもとに、淀殿懐妊の朗報がとどいた。

同年八月三日、淀殿は大坂城二の丸で男児を産む。秀吉はただちに大坂城へ戻り、二十五日に到着すると愛児のもとを離れず、ついに名護屋へふたたびは出向かなかった。

秀吉はお拾《ひろい》と呼ぶ男児を愛するあまり、関白秀次の権限を抑制し、将来は秀次の娘をお拾の妻とする婚約をおこなわせた。

関白秀次は、しだいに秀吉を警戒するようになった。

秀吉の股肱としてはたらく石田三成、大谷吉継《おおたによしつぐ》、増田長盛《ましたながもり》、長束正家《なつかまさいえ》ら奉行衆が、秀吉を中心とする中央集権体制を強化しはじめたからである。

秀吉は、この頃には国家の指導者としての、カリスマ性を失い、ひたすら現世欲の強い人にすぎなくなっていた。

（六）

秀吉は、異母弟の秀長を信頼していたが、秀長が病死したのち、我欲の歯止めを失った。三成、長盛、正家ら奉行衆は秀吉に変わり、中央集権制度を強引におしすすめていく。

蒲生氏郷《がもううじさと》の没後、その遺領《いりょう》九十余万石を遺子《いし》に継がせまいとしたり、伊達政宗を叛逆の廉《かど》により処刑しようとした。北条氏政、氏直父子を懐柔して豊臣政権になびかせることなく、討滅《とうめつ》したのも、奉行衆の策略があってのことといわれる。

三成ら奉行衆は、秀吉の忠実な股肱で、秀頼、淀殿に従っている。彼らと対立するのは、前田利家、徳川家康、伊達政宗、福島正則、加藤清正ら野戦の勇将たちである。彼らは豊臣政権のうちにいて、秀吉を主人としつつも、わが領土には独裁君主として存在していたい、分権希望派であった。彼らは北政所《きたのまんどころ》（おね）を押し立てている。

奉行衆と武将一派の対立は、しだいに強まってくる。秀長の没後、千利休が処断され、豊臣秀次も謀叛をたくらんだ廉《かど》によって利休のあとを追った。秀次がたとえ不肖の甥であっても、関白として生存しておれば、家康は秀吉の死後たやすく天下をうかがうことができず、関ヶ原の合戦もおこっていなかったであろう。

秀吉には、もはや往年のリーダーの気概はなかった。彼は得た物を離すまい。幼い息子に遺産をすべて伝えたいと願うばかりの、ありふれた老人になっていた。天下とみずからの行方《ゆくえ》を見通す叡知《えいち》のひらめきは、もはや影をひそめていた。

秀吉の没後、関ヶ原の役がおこった。西軍東軍はともに秀頼の家臣で、彼らが戦ったのは、政権内部の派閥抗争であった。

家康は政権の外部にいて、三成ら奉行派の勢力を弱めようと画策していた。老いにさしかかっているが、政権内部抗争の結果、自分が漁夫の利を得てリーダーの地位に就けるかも知れないと、野望を心中にゆらめかせていた。

北政所は、豊臣政権を淀殿と秀頼に譲り渡すのを、いさぎよしとしない思いを抱いていたようである。彼女は子飼いの武将、福島正則、加藤清正、加藤嘉《よし》明《あき》、池田輝政らに、東軍に就くようすすめた。

関ヶ原合戦が終わると、東軍の秀吉恩顧の諸大名は、秀頼君《くん》側《そく》の奸《かん》を除いたつもりでいた。誰も東軍の指揮官としてはたらいた家康を、主人とは思っていない。

しかし、両軍に従い敗北した大名たちの所領六百数十万石が没収され、東軍諸大名に恩賞として分配される間、家康が主君であるかのような錯覚が生じてきた。気がつけば、家康は新政権の首長として登場してきていた。秀吉がその立場を重んじた糟糠《そうこう》の妻おねが、豊臣政権を潰す役割をつとめたのである。

秀吉の妻たち

本文中にある正室、北政所や秀頼生母である淀殿以外にも、秀吉は生涯に多くの側室を持った。名門貴族京極高吉の娘・松の丸殿、前田利家の娘・加賀殿、蒲生氏郷の養女で信長の娘・三の丸殿、など身分高い家の娘が多かった。

緩急自在に攻める

100

（一）

豊臣秀吉が、北条氏政、氏直父子征伐のため、二十四万の大軍団で小田原城攻めにとりかかったのは、天正十八年（一五九〇）三月である。

清水湊に兵糧十万石を陸揚げし、長期戦の態勢をとった。米麦の運送にあたる船は、幾千艘《そう》とも知れない。大名の陣所は広大な屋形で、書院、数寄屋《すきや》である。京、堺にある物資は何でも陣中でととのい、遊女町、茶屋、旅籠《はたご》屋もあった。関八州《かんはっしゅう》三百万石の太守北条氏直が、大征討軍の攻囲をうけたのは、豊臣政権の惣無事令《そうぶじれい》という停戦命令に反し、領土拡張をはかったためである。

秀吉は天正十五年三月に、豊臣政権の仲裁を無視し、全九州を席捲《せっけん》しようとした薩摩、大隈《おおすみ》三百万石の太守《たいしゅ》島津義久を二十万余の大軍で攻め、降伏させた。

北条氏は、出羽米沢の伊達政宗と呼応し、徹底抗戦の挙に出た。関東に五十三の支城があり、本城の小田原城は難攻不落の大要害であった。

城郭の規模は日本最大である。『北条五代記』に、つぎのように記されている。

「此の城東西へ五十町（五・五キロ）、南北へ七十町（七・七キロ）、めぐり五里（二十キロ）の大城なり。総構えに堀をはり、土居《どい》、石垣のうえに井楼《せいろう》すきまもなし」

延長二十余キロの外曲輪《くるわ》は、幅十メートル余、深さ二十メートルに及ぶ空濠に取りまかれている。

総構えと呼ばれる外曲輪は、土塁と空濠で守備されており、「ひととところ言葉交すほどに、攻め寄る敵なし」

時代は籠城戦法が通用しなくなり、大兵団の機動戦に重点がおかれるようになっていたが、この前代未聞の巨城には機動戦は通用しなかった。

銃砲撃をしかけても痛痒《つうよう》を与えることができず、突破口をひらき城内へ乗りかける白兵戦法は不可能である。

結局兵糧攻めと、守備の将兵たちを心理的に動揺させるふたつの手段しかない困難な作戦であった。

秀吉はことさらに包囲陣の備えを手厚くして、陣中で能狂言を催し、茶会をひらき、「陣中において生涯を送るとも退屈することはない」と榊原康政《さかきばらやすまさ》(徳川家康の家臣。能筆家としても知られる)がいうほど、慰安の設備をととのえていた。

小田原城内では数年分の兵糧、弾薬がたくわえられ、町人も大勢いて、大鉄砲を撃ちかけるほかに用のない侍たちは、碁、将棋、双六、酒宴、歌舞、笛鼓を打ち鳴らしての乱舞などで日々を送っている。

十町ほどの長さに市《いち》が立ち、百の売物に千の買物があるほどのにぎわいであった。

秀吉は悠々と長陣を楽しむかに見えたが、内心は焦っており、氏政、氏直父子は和睦の機をうかがっていた。

（二）

秀吉はこのままでは、小田原城をいつ陥落させられるか、めどはつかないと見ていた。北条父子を降伏させるためには、関東の支城を攻め潰し、小田原城を孤立させ、心理的な動揺を与えるしかない。

二十数万の大軍を小田原に集め、長期の攻囲をおこなっているうちに、豊臣政権を根底からくつがえすような叛乱が、どこかで起きかねない。

調略に降伏させる桟《かけはし》をつかむため、秀吉は前田利家、上杉景勝の北陸支隊に、関東の主な北条方支城の攻撃を命じた。

三万五千人の北陸支隊は、三月下旬に上野《こうずけ》に松井田城を攻撃する。秀吉は軍《ぐん》監《かん》を派遣し、損害をいとわない我責《がぜ》めの強攻策をとらせた。

松井田城は二十日間の激戦ののち、落城した。北陸支隊は岩槻、鉢形、八王子の三大支城の攻撃に移った。

秀吉は北陸支隊の援軍として浅野長政、木村吉清、本多忠勝、鳥居元忠《もとただ》、平岩親吉《ちかよし》らをおもむかせる。


四月から六月にかけての別動隊の作戦により、関東支城は忍《おし》城を除きすべて降伏、陥落し、ついに小田原城は敵中に孤立した。難攻不落といわれた名城にたてこもる北条勢も動揺をはじめ、豊臣側からしかける調略に応じ、謀叛のくわだてをする者がふえてきた。

北条譜代の重臣松田憲秀も、そのひとりであった。彼は主家を売って内応しようとしたが、陰謀は発覚した。


秀吉はなおも猛烈な調略をしかける。彼は北条氏政の弟で、韮山《にらやま》城を死守し、織田信雄の四万の大軍をひきうけていた北条氏規《うじのり》に、和睦を申しいれた。

「氏政に相模、武蔵両国安堵の誓紙《せいし》を入れ、人質をもつかわすゆえ、和談いたしたい」

名将といわれる氏規は、この辺りが潮時であると見た。関東支城はことごとく潰《つい》え、小田原城内は将兵も戦いに倦んでいる。

氏規は秀吉の誘いをうけいれ、六月二十四日に開城に応じたが、なお防備をゆるめない。七月三日に韮山《にらやま》攻囲の諸隊が陣を退けたのち、六日の辰の刻（午前八時）に小田原城へ出向き、氏政、氏直と会い、講和の条項を検討して、秀吉の提示した通りの和議が実現されるよう、交渉をすすめようとした。

だが、氏規の思いもかけない事態が進展していた。氏直が秀吉の謀略にのせられたのである。

秀吉は氏規が開城の意志をあらわすと、智恵者の彼が北条父子と連絡をとらないうちに、早急に小田原城を開城させようとした。

彼は使者をつかわし、氏政父子を恫喝《どうかつ》した。

「このたびついに韮山の美濃守（氏規）が降参いたせしうえは、北条の命運もここにきわまれり」

（三）

秀吉はそれまでに細作《さいさく》（スパイ）を用い、小田原城内の状況を探っており、氏直が小膽《しょうたん》な人物であるのを知っているので、ひたすら威嚇《いかく》する。

「このうえは、もはや北条父子に武相両国の安堵はいたさぬ。一族すべて誅《ちゅう》戮《りく》いたすゆえ、さよう観念いたせ」

秀吉の予想は的中した。

氏政は自若《じじゃく》として、秀吉の恫喝を無視したが、氏直はうろたえた。

彼は七月五日、秀吉との講和談判もはじまらないうちに、太田氏厚《うじあつ》ら幕僚数人をともない、ひそかに小田原城を出て、寄せ手の家康陣所をたずねた。

氏直は舅《しゅうと》の家康に会い、本意を告げた。

「われらが形勢日に非なれば、このたび殿下には憐愍《れんびん》を垂れ給い、父氏政以下家来ともが一命を許されなば、それがし自裁《じさい》してすべての罪をつぐない、城をひらき軍門に降りまする」

家康は内心で、婿のあまりに拙劣《ちれつ》な進退を慨嘆《がいたん》した。

秀吉が何ともちかけようと相手にせず、城中におればよい。これまでの攻城の経緯から見て、二十四万の豊臣勢が小田原城の外曲輪にも達しえないことは、あきらかである。

城中には数年分の兵糧弾薬がたくわえられており、防備態勢に変化はない。関東支城がすべて落とされようとも、何ら痛痒《つうよう》を感じないでいられる。長期の攻囲戦で、浮き足立っているのは秀吉のほうであった。厳然と構えておれば、秀吉はかならず和談交渉をもちかけてゆかざるをえない。

韮山城の北条氏規が降参したと聞いて動揺したのであろうが、謀将として知られた氏規の行動に、手落ちのあろうはずはないと考え、使いを走らせ事情をたしかめるべきであった。

氏直は秀吉に脅迫されると脆《もろ》くもうろたえ、蒼惶《そうこう》と城を出て降参した。自分が切腹すると体裁のいいことをいうが、内実は助かりたいのである。

秀吉はよろこんで氏直の降伏をうけいれた。

「いちはやく降りしは重畳《ちょうじょう》。氏政はじめ、城に籠りし男女はすべて助命いたし、氏直に上総《かずさ》、下総《しもうさ》二国を与うべし。」

氏直は驚喜して六日卯の刻（午前六時）、家康本陣で降伏した。

北条氏規は氏直が降伏してのち一刻（二時間）を経て小田原城に到着し、臍《ほぞ》をかんだが時すでに遅かった。

小田原城内の要所に豊臣勢がなだれこみ、制圧していたためである。

秀吉は小田原城を占領すると、たちまち前言をひるがえし、北条家はとりつぶし、氏政、氏照を切腹させ、氏直を高野山へ放逐した。

氏直は大大名として存続できた北条家を短慮によって破滅させ、みずからもまもなく病死した。

北条氏

鎌倉時代の執権一族との区別のため、「後北条氏」とも呼ばれる。北条早雲が関東一円を統一したのをきっかけに、氏綱、氏康、氏政、氏直と五代に渡って関東を支配した。

110 腹心に、才能ある男を飼う

（一）

黒田官兵衛は、天文十五年（一五四六）十一月二十九日、播州の国人大名小《こ》寺《でら》政職《まさもと》の家老で、姫路城代の小寺職隆《まさたか》の子として生まれた。

職階の旧姓は黒田で、近江源氏佐々木氏の流れをくむ土豪であった。官兵衛は小寺政職の小姓として出仕し、二十二歳のとき父に替わり家老となり、政職の姪をめとった。

官兵衛が三十石のとき、小寺政職が居城の御着《ごちゃく》城に重臣を呼び集め、評定《ひょうじょう》をひらいた。

「いまの天下には、儂が頼ってもよいと思う大名が三家ある。織田、毛利、三好だ。当家がこのうちどの家に頼るべきか、意見を聞きたいのだが」

小寺氏は、四万人いるといわれる東播磨《はりま》の地侍のうちでは、もっとも強豪といわれるが、所詮《しょせん》は土豪である。

今後家門を存続させるためには、天下に覇をとなえるであろう実力者の、庇護を仰がねばならない。

信長はすでに京都に軍事政権をたて、声威は天下にふるっているが、どうにも危ないところがある。一向一揆を中心とする反対勢力に、足をすくわれるかも知れない。

信長に反対する勢力のうち、毛利は山陰山陽十カ国、百三十五万石を領有している。備後の鞆《とも》にいる将軍足利義昭の誘いにのって、本願寺、上杉と呼応し、信長を倒しかねない威勢である。

三好氏は、四国、和泉に広大な版図を持つ古豪である。

家老たちは口をそろえていった。

「毛利に頼るのが、一番堅かろうと存じまする。織田は八方に手をひろげすぎておるゆえ、危のうござります」

官兵衛は、ひとりで信長を推した。

「三好は盛りが過ぎ、毛利は当主輝元がいまひとつ冴えませぬ。織田は、これから天井知らずに伸びると存じまする」

官兵衛は、天正三年（一五七五）五月、信長が日本最強といわれた武田騎馬軍団を、三河長篠《ながしの》で世界最初の銃撃戦によって潰滅《かいめつ》させたのち、政職の名代として岐阜城の信長に会い、帰属を申し出た。

天正五年（一五七七）、秀吉が播磨に出兵すると、官兵衛はその手足となってはたらいた。

小寺政職は、秀吉の方針に疑惑を抱くようになった。このまま年月を重ねるうちに、織田政権に吸収されるのではないかという、不安を抱くようになったのである。

官兵衛は政職をなだめ、秀吉に協力させる。姫路城を秀吉に明け渡し、嫡男松寿丸を安土城へ人質に出した。

（二）

官兵衛は、秀吉に居城の姫路城をさしだす。秀吉は官兵衛と、義兄弟の約を結ぶ。

秀吉は、ひそかに官兵衛の智略は、自分にはるかにまさると考えるようになった。

彼が進退きわまった難局に直面すると、官兵衛はやすやすと上策《じょうさく》を申し出る。秀吉や蜂須賀小六が、いかに智恵を絞っても、及びもつかない官兵衛の才覚を怖れた。官兵衛がみずからの智能を生かして独立すれば、大大名にもなりうると、秀吉は見た。

官兵衛は非凡な経略の才をそなえていたが、万人にすぐれた遺漏《いろう》のない策をたてても、みずからその策を生かして合戦にのぞむ決断力がない。

彼が秀吉を頼るのは、みずからの才覚を生かす織田軍団の組織を動かす、力量をたくわえるためであった。

秀吉に従属しておれば、彼が作戦に失敗し破滅しても、自分は生きのびて織田軍団のうちに、はたらき場所を得られる。

天正六年（一五七八）荒木村重《むらしげ》が信長に背いたとき、官兵衛は有岡城へ説得におもむき、そのまま一年間幽閉されたが、足萎《な》えになっても荒木に同心せず、信長の信頼を得た。

本能寺の変ののち、秀吉が九州征伐をしたとき、官兵衛に豊前《ぶぜん》六郡十二万石を与えた。

秀吉は近臣たちに、聞いたことがある。

「儂《わし》が死んだのち、天下を取る者は誰か。遠慮なく申せ」

家康、利家、輝元などの名をあげる者がいた。秀吉はいった。

「いまひとり忘れておる者がおろうがや」

「官兵衛じゃ。あれは小身だが、将に将たる器たで。その気になれば、いつでも天下が取れよう男たがや」

その噂を聞いた官兵衛は、四十四歳であったが、秀吉に隠居を申し出た。

秀吉は許さなかったが、官兵衛は北政所《きたのまんどころ》に頼み、隠居して家督を嫡男の吉兵衛長政に譲った。

用心深い官兵衛は如水《じょすい》と号し、秀吉の没後、慶長五年（一六〇〇）の関ヶ原の役の際、豊前中津にいて、動かなかった。息子の長政は家康に従い、東国へ出陣している。

石田三成は、密使を如水のもとへ送り、味方に誘った。如水は返書を送った。

「九州で七カ国を与えられるなら、味方となろう」

家来たちは、おどろいて聞く。

「日頃より、三成と家康では勝負にならぬと仰せられておられしに、なにゆえ石田にお味方を遊ばされまするか」

如水は笑っていった。

「石田は儂にわなをかけようとしている。それに乗らぬだけよ」

（三）

如水は家来たちにいった。

「いま九州の大名を見よ。ほとんど大坂方であろうが。小早川、毛利、筑摩、龍造寺《りゅうぞうじ》、鍋島、立花、小西、秋月、相良、高橋、伊藤、竹中、中川、島津と数えあげれば軒なみじゃ。徳川方は細川と加藤だけだ。細川は主人以下おおかたの兵が、東国へ出払っている。こんなときにうっかりと石田の誘いをことわれば、四方から攻められようぞ。石田は儂をわなにかけようと考えておる。それゆえ、ほどよき返事をいたすうちに、戦支度をととのえるほかはない」

如水は軍資金としてたくわえていた金銀を金蔵から取りだし、兵を募った。たちまち三千六百人の牢人《ろうにん》が如水の旗下《はたもと》に集まった。身許もあきらかでない烏《う》合《ごう》の衆《しゅう》であるが、如水は彼らを手足のようにつかいこなす将器《しょうき》の才がある。彼は急いで編成した軍勢を率い、九州の諸大名を攻撃しはじめた。どの家中も兵をこぞって上方に出払っているので、わずかな留守部隊は、如水が精鋭を率い押し寄せてきたと聞くと、たちまち戦意を失った。

「太閤殿下にさえはばかられた、知恵者の如水と戦っても勝ち目はない。降参していう通りに動いたほうが得だ」

如水の軍勢は破竹のいきおいで諸方を転戦し、久留米の小早川秀包《ひでかね》、柳川の立花、薩摩の島津を残すのみとなった。如水は考える。

「九州を平定したのち、東西両軍の勝者と天下を争おう」

彼は家康についた息子の長政を、見殺しにしても大博打を敢行するつもりであった。どうせ東西両軍の天下分け目の合戦は、二カ月から三カ月はかかるだろうと、読んでいた。

如水は、加藤、鍋島を先手に立て、一万余の兵を率い攻めのぼれば、中国路の大小名が味方につき、京都に入る時分には、兵数が十万を超えるであろうと予想していた。

中国路の主な大名は、これもまたほとんど東上していて留守である。如水のたくらみは成功するはずであったが、むなしく消えた。息子の長政が暗躍して小早川秀秋をうらぎせたので、関ヶ原合戦は半日で終わった。

長政は、家康に筑前五十二万石を与えられ、帰国すると得意げに如水に告げた。「戦《いくさ》終りてのち、御本陣へお祝いに参上いたせしところ、内府公はそれがしの片手をとり押しいただかれ、この勝利はひとえに御辺《おへん》のおかげなれば、子々孫々に至るまで、黒田家に疎略はあるまじいぞと仰せられました」

如水はきびしい声で聞いた。

「おのしが片手を内府にいただかれしとき、もういっぽうの手は何をしておったのじや」

家康を殺す機会を逃したのを、責めたのである。

秀吉の家臣

秀吉は、農民出身のため従来の家臣を持たなかった。そこで、人材を多くスカウト、育成した。参謀には黒田如水の他に、竹中半兵衛がおり、彼らは秀吉の軍師として、多くの戦場で活躍した。

第三章　徳川家康

慎重に事をすすめる大切さ

IEYASU

1行でざっくりわかる「徳川家康」

徳川家康1542〜1616

西暦	年号	出来事	織田信長の出来事	豊臣秀吉の出来事
1542	天文11年	三河国（現在の静岡県）岡崎に生まれる	（1534　尾張に生まれる）	（1537　尾張に生まれる）
1547	天文16年	今川家に人質として駿府に行く道中攫われ、織田信秀に売られる		
1549	天文18年	父松平広忠が近臣に暗殺される		
		人質交換で織田家から今川義元の元に行く		
1555	弘治1年	元服して松平次郎三郎元信と称する		
1557	弘治3年	関口親永（義広）の娘、築山殿と結婚。元康と改名する		
1560	永禄3年	今川軍に出兵するが、義元討死を知ると退却する【桶狭間の戦い】	【桶狭間の戦い】	【桶狭間の戦い】
1562	永禄5年	清洲城で織田信長と会見、同盟を結ぶ【清洲同盟】	【清洲同盟】	
1563	永禄6年	長男の信康を、信長の娘徳姫と婚約させる。家康と改名する	娘を家康の長男に嫁がせる	
1566	永禄9年	従五位下、三河守に任ぜられ、松平姓を徳川と改める	【美濃攻略】	【美濃攻略】
1570	天正3年	信長と同盟を組み、朝倉・浅井連合軍と戦う【姉川の戦い】	【姉川の戦い】	【姉川の戦い】
1572	元亀3年	織田・徳川連合軍、武田軍に敗れる【三方ヶ原の戦い】	【三方ヶ原の戦い】	
1575	天正3年	織田・徳川連合軍、武田勝頼軍を破る【長篠の戦い】	【長篠の戦い】	【長篠の戦い】
1582	天正10年	本能寺の変が起こる	【本能寺の変（享年49歳）】	【本能寺の変】
1583	天正11年	娘督姫、北条氏政の長男氏直と結婚		【賤ヶ岳の戦い】
1584	天正12年	織田信雄に味方し、豊臣秀吉と戦う【小牧・長久手の戦い】		【小牧・長久手の戦い】
		織田信雄ともに連合軍を率いるが、信雄が秀吉と和睦してしまう		
		次男の秀康を人質として秀吉に送る。		

1586	天正14年	秀吉の妹、朝日姫を正室に迎える		妹を家康に嫁がせる
		大坂城で秀吉と会う		
1590	天正18年	小田原の役に出兵		【小田原の役】
1592	文禄1年	朝鮮出兵の令くだる【文禄の役】		【文禄の役】
1597	慶長2年	朝鮮再出兵【慶長の役】		【慶長の役】
1598	慶長3年	五大老に任じられる。秀吉、伏見城にて死去		死去（享年62歳）
1600	慶長5年	石田三成率いる西軍と、天下分け目の戦いに挑み勝利する【関ヶ原の合戦】		
1603	慶長8年	征夷大将軍に任命される		
		秀忠の娘千姫（7歳）大坂城に入り、豊臣秀頼（11歳）と結婚。		
1605	慶長10年	秀忠に将軍職を譲る。		
1606	慶長11年	諸大名に命じ、江戸城の大増築をはじめる。		
1611	慶長16年	二条城で秀頼と対面		
1614	慶長17年	大坂城を攻める【大坂冬の陣】		
1615	元和元年	大坂城を攻め、豊臣秀頼を滅ぼす【大坂夏の陣】		
		一国一城令を公布する		
		武家諸法度、禁中並公家諸法度を公布する		
1616	元和2年	太政大臣に任じられる		
		駿府城にて死去（75歳）		

124 負けても、最後に勝てばいい

（一）

戦国大名は徳川幕藩体制下における大名とは、なりたちから違っており、間《かん》断《だん》なく前途に立ちふさがる敵を倒さねば、家門を存続できない運命を背負っていた。

むらがる敵を倒し弱肉強食の乱世を生きのびてきた彼らは、それぞれの個性をその事蹟《じせき》に残している。

徳川家康は、慶長五年（一六〇〇）、五十九歳のとき天下分け目の関ヶ原の戦いで大勝負するまで、主な戦いでは負けつづけといっていいほど、敗北をかさねている。

彼でなければ一敗地にまみれ、歴史のうえから消え去っているはずである。だが家康は負けつつも家門を維持し、有力大名としての勢力を温存してきた。長距離マラソンで、先頭集団に加わっていながら、容易に首位に立たず、ゴール寸前に競争者をすべて抜き去る巧妙な戦法を、家康は意識してくりかえしてきたのだろうか。

家康の特徴は、石橋を叩いて叩き割るほどの慎重な行動である。彼は周囲の人がうろたえ、逃げ去るような非常の危機に際し、その場に根が生えたように座りこむ癖がある。

他の者が彼とおなじことをすれば、たぶん破滅したであろうが、家康はそのやりかたで生き抜いてきた。

永禄三年（一五六〇）五月、桶狭間《おけはざま》の戦いのとき、今川勢先手の部将であった松平元康（徳川家康）は、二千五百人の松平家を率い、桶狭間の織田方の砦《とりで》を陥れたのち、大高城《おおだか》に入った。

桶狭間から四キロ東方の大高城で、五千の旗本本陣勢を率いてくる今川義元を待ち、ともに清洲城へむかう予定であった。

だが、義元は田楽狭間《でんがくはざま》で討ちとられた。午後二時頃である。

今川勢は二万八千人の大軍団であったが、当時は総大将が討ちとられると、全軍が退却するのが普通であった。戦っても恩賞をくれないためである。

今川勢のうち一万三千人ほどは、すでに尾張へ入っていたが、たちまち潮《うしお》の引くように退却してゆく。

「信長が攻めてくるぞ。いまのうちに逃げろ」

味方の将兵が退却を促すが、家康は城門をとざしたまま動かなかった。

彼は日没に及んで信長の部将である伯父の水野信元の知らせにより、義元の戦死を信じ、深更《しんこう》に月の出を待って大高城を出た。

落武者狩りの一揆を蹴散らし本城の岡崎城へ帰ろうとしたが、そこに今川勢がいたので、彼らが駿河へ引き揚げるのを、近郊で三日間待って、交戦することなく帰還した。

家康は義元の嫡子氏真が父の遺志を継ぎ、上洛する意志のないことを知ると、三河で今川の勢力下にあった諸城の奪還をはじめた。

（二）

家康はしだいに勢力をたくわえてゆくが、諸国の動静に細心の注意を払っていた。駿府今川氏真は、武芸兵法を嫌い、詩歌、茶の湯、猿楽、蹴鞠《けまり》、伊勢踊り、剽《ひょう》げ踊り、一節切（尺八）などの遊芸を好み、家臣たちに疎まれている。

だが、今川家の戦力は強大であった。百万石の近領地を持ち、三万人の軍勢を動員することができる。氏真が思いたてば、ふたたび信長に決戦を挑み、勝機を得ることができよう。

信長は尾張五十六万石の頭王となったが、今川家の脅威は完全に去ったとはいえない。

彼は美濃五十四万石を併呑《へいどん》しようとくわだて、木曾川を渡り攻めかけるが、斎藤義龍《よしたつ》の反撃ははげしく、かえって国境を脅かされている。

家康は今川氏真と同盟を結ぶ甲斐の武田信玄、相模の北条氏康を怖れている。どちらも戦っても勝ち目ない大勢力である。

それは信長も同様であった。幼い頃、織田家に人質として囚われていた家康は、信長の性格を知っていた。物事の判断に感情をまじえず、利害を考える人物である。

家康は信長と同盟を結び、乱世を生きのびたいと考えていた。

桶狭間の戦いから三カ月を経た永禄三年（一五六〇）八月、家康は岡崎城を出て、国境へ攻め寄せた。

織田勢は三河梅坪《うめつぼ》（豊田市）で家康の指揮する軍勢と戦い、撃退した。家康は梅坪のほかにも長沢（宝飯郡）など国境線で巧みに戦い、小競り合いをくりかえす。

織田勢が応戦すれば引き揚げるが、めざましい戦いぶりを見せ、佐々成政《さっさなりまさ》ら織田の部将たちはその器量を褒めた。

やがて信長は、織田方に帰服している三河刈谷の城主水野信元に、家康との和睦交渉をすすめさせようとした。

家康の母（伝通院）は、信元の妹である。家康は信長に自分を高く売りつけることに成功したのである。

家康は信長と和睦すれば、今川氏真の武将である立場を捨て、旧領三河を回復するために、独立行動をとることができる。信長は家康と手を組めば、東方からの今川、武田、北条三大勢力の防壁を得ることになる。

双方の利益をもたらす和睦交渉が成立したのは、永禄四年（一五六一）二月であった。

両家の家老が鳴海《なるみ》城で会見し、国境のとりきめをおこなった。

家康の「負けるが勝ち」の戦法は、十九歳のときからはじまっていた。

彼は強者に従い、その影で翼を休めながら、生き抜く道をきりひらいていった。

（三）

家康は信長と同盟し、しだいにその地歩《ちほ》をかためていく。今川義元のあとを継いだ氏真の劣勢に乗じ、駿河と遠江の分割を約して遠江に攻めいった。

だが、領国に一向一揆の大叛乱がおこり、譜代の家臣にも背向かれる危機を経験し、近江での姉川の戦いでは、盟友信長を助け必死の奮戦をおこなうなど、生死のはざまを切りぬけてきた。そのうちに、彼の生涯における最大の危機がおとずれた。

元亀元年（一五七二）十月、家康と敵対関係にあった武田信玄が、北条氏政と同盟を結び、後顧《こうこ》の憂いを除いたのち、二万七千の大軍を率い、遠江へ侵入してきたのである。

武田騎馬軍団は、扶桑《ふそう》（日本）随一といわれる破壊力を怖がられていた。平野で戦えば、四倍の敵を撃破する能力があるといわれる。信玄は上洛するといっているが、浜松城で八千の兵とともにたてこもっている家康を打倒するのが、当面の目的である。

家康は三十歳、信玄は五十二歳であった。信玄は青崩峠《あおくずれ》（長野県下伊那郡）を越え遠江に入った。

全隊を二隊に分け、一隊を二俣城《ふたまた》攻撃にむかわせた信玄は、天竜川東岸を南下し、徳川方の七城を陥れ、盤田原《いわたはら》台地付近に宿陣した。信玄の本陣に、遠江の地侍たちが先をあらそい帰服《きふく》してくる。

家康は、浜松城にいるかぎりは安泰であった。八千の守兵がたてこもる東海道随一の大城、浜松城を攻略するには、すくなくとも五万の兵力が必要である。

老巧な信玄は、家康がかならず出陣してくると見ていた。このまま浜松城にたてこもり、一歩も出なければ、武将の名折れになると考え、危険を冒してでもなんらかの対応を見せるであろうと、読んでいたのである。

案の定、家康は十月十三日、三千の兵を率いて浜松城を出て天竜川を渡り、東海道見付《みつけ》（今の磐田市）に進出した。

武田勢の情況を偵察するためであるが、遠江の地侍たちが信玄に帰服するのをとどめるための示威《しい》行動であるため、三千の戦闘部隊を率いていった。

家康は磐田原台地の南端に到着すると、眼下《がんか》にひろがる武田勢の陣所を見渡し、内藤信成《のぶなり》に五百ほどの兵を預け、さらに前方の太田川支流の辺りで進出し、物見《ものみ》をするよう命じた。

内藤隊が物見を終え、戻ろうとしたとき、突然あらわれた武田勢が猛然と襲いかかってきた。いつの間に埋伏していたのか、一万を越える大軍が徳川勢を包囲していた。

攻め太鼓も打たず、下知《げち》の声もあげず、鳴りをひそめ、いつのまにか家康を罠に落としこんでいた。

（四）

家康は間道《かんどう》を伝《つた》い退却するが、武田の騎馬隊は先まわりしてくる。三千の徳川勢は、鉄砲を乱射しつつ敵を追い退けようとした。武田勢は家康の金の七本骨の扇に日の丸をつけた馬標《うまじるし》を見て、包囲を崩さず、執拗に攻めては退く。彼らの烈火のような総攻撃は、いつはじまるか知れない。

家康は天竜川東岸に近い見付の町に火をかけた。火焔《かえん》に隠れつつ、天竜川を越えるつもりである。

乾燥しきっていた町屋はたちまち燃え上がり、西風に煽られ黒煙を噴いた。武田勢はまともに煙をくらい、前進の足をとめた。徳川勢は近道を走り、天竜川に出た。彼らは愕然《がくぜん》と足をとめた。

河畔には武田の騎馬隊が密集して、待ちかまえていた。徳川勢の殿がかためていた、二十五歳の本多《ほんだ》平八郎忠勝《ただかつ》が、鉄砲隊を率い必死の奮戦をして、ようやく家康を逃がした。

武田の陣営では、本多忠勝の勇戦が評判になった。

「家康に過ぎたるものが二つあり。唐《とう》の頭《かしら》に本多平八」

と武田勢の間でうたいはやされるようになったのは、こののちである。

唐の頭というのは、高価なヤクの尾毛でこしらえた、家康の兜蓑《かぶとみの》であった。

ようやく危地をまぬがれた家康は、十二月二十二日、ふたたび三方ヶ原《みかたがはら》で信玄と対戦し、あやうく命を落とすところであった。信玄の巧みな誘いに釣りだされたのである。

信玄は浜松城に家康がたてこもっているかぎり、容易に勝敗を決することができないのを知っている。攻城に時をついやせば、家康の同盟者信長が援軍をさしむけてくる。

彼はいったん天竜川東岸沿いに八里ほど北上し、二俣城を陥落させたのち、渡河して天竜側西岸を南下した。

武田勢は、浜松城を攻めず、三河へ進撃するとの情報を、わざと流している。家康が三河へむかう信玄を迎え撃たなければ、面目を失うと知って、城外へおびきだそうとしたのである。

浜松城の北方には、縦深三里に及ぶ広大な三方ヶ原がある。北端が海抜五十五メートル、南端が三十メートルで、南北いずれからも眺望がきく。

三河へむかうのには、三方ヶ原の北端を東から西へ横断すればよい。だが、武田勢の全軍は南下して浜松城にむかってきた。

信玄は、浜松の北方五十町の有玉まで南下して向きを西に変え、浜松城に近い追分で全軍を停止させ、行軍序列のいれかえをして一刻(二時間)ほどついやした。家康は、浜松城外に出て、武田勢の行動を注視していた。

（五）

家康は浜松城外で武田勢の動静を見守っていた。武田勢はやがて北にむかい進みはじめたが、足取りはきわめて緩慢で、徳川勢を見くびっていることが、あきらかに分かる。

三十一歳の家康は、五十二歳の信玄に浜松城から釣り出されまいとみずからを戒めていたが、しだいに焦ってきた。

「わが裏庭を他人が押し通るに、咎《とが》めざる法はなかろう。一矢を交じえねばならぬところだわ」

家康は城を出て、三方ケ原での決戦をおこなおうと主張したが、幕僚たちは応じなかった。

徳川勢八千、織田の援軍三千をあわせ、一万一千で武田の二万七千の大軍に戦を挑めば、勝てるわけがない。

武田騎馬隊は四倍の敵を撃破する能力があるという、扶桑（日本）最強の軍団である。家康がこのまま信玄に嘲弄《ちょうろう》されても我慢して見送れば、命の危険はない。

だが、彼の腑甲斐《ふがい》なさを知った遠江《とおとうみ》、三河の地侍たちは、先をあらそって信玄になびくだろう。そうなれば、信長も彼を見捨てるかもしれない。家康は玉砕を覚悟で、合戦を仕かけることにした。三河へむかうふりをして北上していた武田勢は、三方ケ原北端の祝田《ほうだ》の坂で突然むきなおり、襲いかかってきた。

徳川勢の士気はさかんであったが、兵数にまさる武田勢に側面攻撃をうけ動揺し、新手をいれかえての猛攻を支えきれず、総退却となった。

家康は浜松城へ逃げ帰るまでに、幾度も単騎で敵襲の危険に身をさらし、恐怖のあまり鞍上で脱糞したといわれる。

家来たちが身代りとなって名乗りをあげ、討死する間に危地をようやく脱した家康は、千余人の家来を失った代償として、盟友信長の信頼をつなぐことができた。

武田信玄は、翌天正元年（一五七三）四月に、陣中で病死した信長、家康は強敵の死によって、その後の作戦を進展させることができた。

天正二年（一五七四）、家康は武田勝頼《かつより》に遠江高天神《たかてんじん》城を奪われたが、翌年には信長と協力して勝頼を三河長篠《ながしの》城外設楽原《したらがはら》で打倒した。

三千数百挺の鉄砲で騎馬軍団を撃破する、世界陸戦史上最初の大銃撃戦であった。

同程度の規模の銃撃戦が世界においておこなわれたのは、七十年後、ヨーロッパ三十年戦争の後期であった。

家康は信長の盟友として不動の地位を占めるに至ったかに見えたが、天正七年（一五七九）三十八歳のとき、信長に見はなされかねない、重大な危機に遭遇した。

（六）

家康の長男信康は、当時二十一歳で、同年の信長の娘徳姫を妻としていた。信康の母は、今川義元の姪にあたる駿河御前である。彼女は、岡崎の築山《つきやま》に殿舎を構えていたので、築山殿と呼ばれていた。

信康は、永禄一〇年（一五六七）五月、九歳のとき、徳姫と結婚した。彼らの間には、二人の女子がいた。

築山殿は、浜松城にいる家康と不和で、長く別居していたので、信康と徳姫のむつまじい仲を嫉妬し、息子に妾《めかけ》を与えた。

信康は妾を愛し、徳姫との間は疎遠になった。

徳姫は、天正七年の某日、近江安土城へ使者として出向く酒井忠次、奥平信昌に、父信長への訴状を預けた。

訴えは、十二カ条である。

信康が鷹野に出たとき、出家を絞殺した。城下の踊り子の踊りかたが拙《つた》ないのを咎め、矢を射て殺害した。徳姫に近侍する女房の腕を折った。武田の家人の娘を妾とした。

さらに、築山殿が唐人減敬という者を寵愛し、その者を介し武田勝頼と内通しているとの内容である。

信長は酒井忠次《ただつぎ》を召し寄せ、十二カ条の真偽を問いただした。忠次は徳川譜代の剛の者である。信長に詰問されても、すべて否定するはずである。主人の嫡男を守るために、信長に斬られるのを、怖れるところがなかったのであろう。

だが、忠次は、十二カ条までの問いをすべて認めた。信長は忠次に命じた。

「信康には、早々に腹を切らせよ」

築山殿も処分せよと、信長は強要した。忠次はその旨を家康に伝えた。

信康を見捨てた忠次は、家康に処断されて当然であるが、罪を得ることなく、その後も家康の重臣として活躍した。

忠次は信長の詰問を、ほんとうにうけいれたのか。信長が、信康の乱行、築山殿の悪謀を理由として、二人を死なせようとしたのではない。

家康に妻と愛する息子を殺させ、彼が同盟者ではなく、臣下であることを諸大名に知らせることが、信長の狙いであった。

表向きは、酒井忠次が徳姫の訴えを事実であると認めたことになっているが、内実は信長が、織田天下政権にひとりの君主しかいないことを世間に認識させるため、家康に踏み絵を踏ませようとしたのである。

築山殿は八月二十九日、遠江昌塚で、家康の家来、野中康政に殺害された。

信康は二俣城に押しこめられていたが、九月十五日に切腹させられた。

家康は信長に絶縁されないために、絶対服従の姿勢をあらわさねばならなかった。

（七）

家康は天正七年（一五七六）九月から、遠江における武田方の據点《きよてん》、高天神城を攻めた。武田の守将岡部長教《ながのり》はよく防いだが、天正九年（一月）、ついに兵糧が尽きた。だが武田勝頼の援軍はあらわれなかった。

三月二十二日、岡部長教は城を出て徳川勢に最期の戦いを挑み、討死を遂げた。

高天神城を陥れた家康は、翌年信長と協同して甲斐を攻め、武田勝頼を滅亡させた。信長は家康の軍功を賞し、駿河一国を与えた。

天正十年（一五八二）五月、家康は駿河領有を許された礼を申しのべるため、安土城をおとずれた。

信長の饗応《きようおう》をうけた家康は、堺遊覧をすすめられた。彼が堺におもむいている間に、本能寺の変がおこった。

家康は事変がおこった六月二日の朝、堺から京都へむかった。本能寺にいるはずの信長に会いにいったのである。だが、河内の枚方付近まできたとき、京都からの急使と出会い、信長の自害を知った。

家康はただちに間道《かんどう》を通り、宇治田原から信楽《しがらき》に至り、伊賀の山越えをして、伊勢白子浜から船に乗り、三河に着き、九死に一生を得た。


家康は信長の弔い合戦をおこない、光秀を討つため出陣支度をととのえ、六月十一日に岡崎城を出馬する予定であったが、大雨のために遅れ、十四日に出陣して尾張の鳴海に着いた。

途中、十九日になって秀吉の書状をうけとった。山崎決戦で明智光秀を討ちとったので、このうえの出兵は無用であるとの通報である。家康はやむなく、三河、遠江の兵とともに浜松城へ戻った。

彼は信長亡きあと、織田政権を引き継ぐべき実力と名声をそなえていたが、好機を取り逃した。


家康はその後、甲斐、信濃の経略を急いだ。七月九日、甲府に着陣した家康は、佐久郡、諏訪郡、伊那郡を押さえた。

だが北条氏直が、四万三千という大軍勢を率い甲州に乱入し、諏訪郡の徳川勢を追い払おうとした。

家康の部将鳥居元忠、水野勝成らは、甲斐の黒駒（当時において最高級の馬のブランド）で北条の大軍を迎え撃ち、玉砕の覚悟で立ちむかったところ、意外の大勝を得た。家康はこの機を逃さず北条氏直と和睦した。

天正十年四月、秀吉は江州《ごうしゅう》賤ヶ獄の戦いで柴田勝家を倒し、織田政権の後継者となった。

翌十二年（一五八四）、四十三歳の家康は、秀吉を相手に小牧山合戦をおこなった。

信長の次男信雄と協同して、羽柴の大軍を迎え整ったのである。

（八）

家康は十五万といわれる羽柴勢に、六万余人の織田、徳川連合軍で対戦し、小牧、長久手合戦で敵将森長可《ながよし》、池田恒興《つねおき》、紀伊守父子を倒して、大勝利を得た。

こののち、半年ほど対陣をつづけるが、秀吉は政治力で家康を孤立させようとはかった。全国の有力大名のほとんどが秀吉に誼《よしみ》を通じ、北条氏政さえ家康に協力しなかった。

氏政の子氏直は、天正十一年（一五八三）、家康の次女督《とく》姫を妻に迎えていた。

北条氏が親戚の家康に同調しなかったのは、関東一帯に秀吉の影響力が及んでいたためであった。常陸《ひたち》、下野《しもつけ》、陸奥《むつ》にわたる広大な領土を擁《よう》する佐竹氏が、秀吉と結んでいた。

秀吉は中国の毛利輝元とも親密である。家康は、いつのまにか秀吉の術中に落ちていた。

彼は情勢の変化を読んでいた。秀吉は、家康を撃滅するよりも、手なずけ帰服させようとはかっていた。家康と戦って損害を出すよりも、和睦に導こうとしているのである。家康は、条件しだいで秀吉の幕下についてもよかろうと考える。

かつて秀吉は、山崎合戦で明智光秀、賤ヶ岳合戦で柴田勝家を、電撃作戦によって粉砕した。だが、家康に対して、全力を傾ける戦を挑んでこない。

「儂はもはや、秀吉に手ごわき相手とみられておらぬだわ」

家康は、秀吉との実力のひらきを自覚する。このうえは、自分をできるだけ高く評価させ、帰服についての好条件を獲得しなければならないと、機をうかがう。


秀吉は、天正十二年（一五八四）十一月、織田信雄と単独講和をおこなった。家康は反羽柴勢力の中心として、織田の遺孤《いこ》を扶《たす》ける《け》という大義名分によって、秀吉と戦った。

彼に協力を頼んだ信雄が、ことわりもなく秀吉と講和したのは、許しがたい背信であった。

だが家康は、事態がこのように進展してくるのを、予測していた。彼は秀吉といずれは和睦するであろうが、自分をできるだけ高く評価させようと考えていた。

秀吉はすでに嫁いでいた妹の朝日姫を家康に嫁がせ、母大政所《おおまんどころ》をも人質同様に彼女のもとへ出向かせて、ようやく家康を臣従させることができた。

家康は秀吉政権で、ナンバー2の地位を得たが、危機はふたたび襲ってきた。

天正十五年（一五八七）、秀吉は九州征伐をおこない、島津義久を除し、さらに天正十八年には北条氏政、氏直父子を滅亡させた。彼は関東、奥羽を平定したのち、家康に関東への国替えを命じた。

（九）

所領地への国替えは、知行高《ちぎょう》（収益）の増減にかかわらず、当時の大名にとって、家門の存亡にかかわる大難であった。

三河は徳川家発祥の地で、祖先の墳墓があり、家康に従い身命を賭して戦いをかさねてきた松平衆の故郷である。

家康は織田信長と軍事同盟を結んだのち、しだいに領土を拡張し、駿河、遠江を手中にし、武田勝頼滅亡、信長横死ののちに甲斐、信濃を併合した。

家康は五カ国の統治に力を用い、人心を掌握しており、政治、経済、軍事において、領内の士民を自在に動かすことができる。

秀吉は、北条氏政父子を滅亡させたのち、家康と織田信雄を失脚させようとして、罠をしかけてきた。

家康が関八州への転封を命じられたとき、安房《あわ》に里見氏、上野《こうずけ》に佐野氏、下野《しもつけ》に宇都宮氏、常陸に佐竹氏がいたので、実際の新領土は四カ国である。

家康は、軍資金をたくわえるため、甲斐金山の開発をおこなっていたが、その成果もすべて秀吉政権に吸収されることになった。

新領土には、長く北条氏の支配をうけてきた地侍たちがいる。領主が変われば、徴税をはじめさまざまな支配体制が一変する。

そうなれば、領民の間には不満がたかまり、土一揆がおこる。新領地を完全支配するまでには、一揆を押さえる政治力が必要であった。地元の情勢にうとい新領主が、土一揆を制圧しようとすれば、失敗して国中に大乱をひきおこすことになりかねない。収拾のつかない状態になれば、豊臣政権から失政の咎めをうけ、領国没収のうえ、切腹を命ぜられる。

家康は、秀吉の関東移封命令を拒絶したいが、そうすれば徳川家の所領はすべて召しあげられてしまう。このため、どうしても関東新領地経営に成功しなければならないと、覚悟をきめた。彼は正式に移封が発令される数カ月前から、家来たちを関東へ派遣し、現地の実情を内偵させ、江戸城の築造と城下町の縄張りの下準備をおこなわせた。

また、諸方の地侍たちの主な者にはあらかじめ意を通じ、人心の慰撫《いぶ》、掌握をこころがけた。

織田信雄は、尾張と北伊勢を没収され、家康の所領の駿、遠、三、甲、信五カ国を与えるとの秀吉の命令をうけた。

知行高はふえるが、信雄は転封《てんぽう》（国替え）を嫌い、従来通り、尾張、伊勢を領知したいと申し出た。

秀吉は、信雄が旧主信長の次男であるのをかさに着て、国替えを拒むであろうと予想しており、命令に背いたことを理由として、下野《しもつけ》烏山《からすやま》二万石を捨て扶持として与え、追放した。家康は秀吉の策略に乗らなかったのである。

（十）

家康は関東移封の大ピンチを無事に乗りこえた。慶長三年（一五九八）八月十八日、秀吉が六十二歳で亡くなったのち、負けぐせのついた家康に、ようやく天下の覇権を手にする機会がめぐってきた。

秀吉が淀姫の間にもうけた嫡子秀頼は六歳の幼児であった。

秀吉は自分が世を去ったあと、政権は法規によって維持しようとして、存命のうちに五大老、五奉行の制度を設けた。五大老は豊臣政権の最高機関である。関東二百五十五万石の大名徳川家康、中国百三十万石の毛利輝元、会津百二十万石の上杉景勝、加賀百万石の前田利家、備前五十七万石の宇喜多秀家が、大老に任ぜられた。

五奉行は、五大老のもとで政務をとりおこなう執行機関であった。近江佐和山十九万四千石の石田三成、近江水口五万石の長束正家《なつかまさいえ》、大和郡山二十万石の増田長盛《ましたながもり》、甲斐府中二十一万八千石の浅野長政、丹羽亀山五万石の前田玄以《げんい》が奉行に任ぜられた。

秀吉は織田信長の死後、柴田勝家、丹羽《にわ》長秀らとともに、織田政権の運営をはかるうち、巧みに重臣たちを分裂させ、天下をわがものとした。

専制君主の死後は、その政権機構が脆《もろ》くも瓦解《がかい》することを、彼は知っている。信長には信雄、信孝らの遺子がいたが、秀吉の子は秀頼ただひとりである。諸大名は秀吉死後、政権を手中にするのは家康であろうと見ている。秀吉は死を目前にして、五大老と五奉行に誓書の交換をさせた。たがいに表裏なく、秀頼に忠誠をつくすべきであるとの内容である。

だが、秀吉が亡くなったのち、朝鮮在陣の将兵の引き揚げが終わった頃から、家康が命に背く行動をとりはじめた。

彼は豊臣政権の内部で、武将派と奉行派に分裂しているのを刺激して、さらに亀裂をふかめようとはかり、みずからに親近感を抱く武将派の諸大名に利を与え、婚姻を結ぶ。それらの行為は、秀吉にさしだした誓書、五大老と五奉行がとりかわした誓約に背くが、家康は平然と破約した。

秀吉亡きあとは、家康の声威をはばからねばならないと考える大名が多かった。彼らは家康の行動を見逃したが、石田三成が敢然《かんぜん》と抗議した。

家康は、三成が強硬な態度をとることを予想していた。
彼はいったん、三成のいいぶんを入れ、慶長四年（一五九九）二月五日、四大老、五奉行に、今後は誓約に背かないとの誓書を送った。

（十一）

家康は過去の敗戦の経験を生かし、豊臣政権の武将派と奉行派の対立を巧みに激化させてゆく。慶長四年（一五九九）閏三月、五大老のうち、家康に対抗しうる実力をそなえた前田利家が大坂で病死したので、政権を分裂抗争させるチャンスが到来した。

慶長五年五月、家康は豊臣家五大老のひとりである上杉景勝が、上洛要請を拒んだのを理由に、会津征伐の軍をおこした。

家康が上杉を討伐するのは、秀頼の名において発した上洛の下命を無視したためであり、秀頼の名代として遠征をおこなうのである。

家康が率いる軍勢は、三河譜代衆三千人である。彼の指揮下に入り東下したのは、太閤恩顧《たいこうおんこ》の武将派に属する大名で、その数はおよそ五万五千人であった。彼らは秀頼の命に服さない上杉景勝を討伐に出向くので、家康を最高司令官と見ている。家康は、会津遠征に出かけたのち、五奉行の中心である石田三成が、かならず徳川討伐の兵をあげると見ていた。

彼は出陣の前に、伏見城留守居《るすい》に老将鳥居元忠を置き、別盃《べつはい》を交わした。元忠は、石田らが挙兵すれば最初に目標となる伏見城を死守して、討死を遂げる覚悟をきめている。

家康は、石田三成に挙兵の機会を与えるつもりで、会津に出発したといわれている。東海道を下ってゆく足取りは、きわめてゆるやかであった。

上方《かみがた》でいつ変化がおこるかと、情報を集めつつ東海道を進み、七月二日に江戸城に入った。

家康が、石田三成らの挙兵の風説を得たのは、七月十九日であった。彼は七月二日から十七日間、江戸城に逗留《とうりゅう》し、今後の作戦について、子息の結城秀康《ひでやす》、秀忠らと策を練っていた。

家康に反対する勢力に挙兵の好機を与え、豊臣秀頼のもとに存在する五大老、五奉行の政治機関を粉砕しなければ、天下を掌握する機会は容易にめぐってこない。

秀吉が織田信長亡きあと、対抗勢力である柴田勝家を決戦に誘導し、賤ヶ岳で撃滅して政権の後継者としての立場をつかんだときと、同様の策略によって、石田三成を中心とする対抗派を一掃するのである。

家康は、わが生涯の運命を決する大戦を間近にひかえ、慎重に行動した。彼は七月二十一日に江戸を出立し、会津におもむくため北上していった。

七月二十四日、下野小山に着陣するまで、連日上方からの三成挙兵の通報を、つけていたが、その日、鳥居元忠の使者が到着し、三成がまもなく伏見城を攻めるとの注進をうけると、翌二十五日に軍議をひらいた。三成に味方する大名の数が意外に多いことが分かり、家康は、彼の半生のうちで経験したことのない危機に立たされた。

（十二）

家康は天下を取るための名分をつくるため、秀吉遺誡《いかい》に背いて石田三成を怒らせ、兵をあげさせようとしかけ、成功した。

だが、鳥居元忠の使者がもたらした注進《ちゅうしん》（報告）によれば、三成に加勢する大名の数は、彼の予想をはるかにうわまわっていた。

のちに大久保彦左衛門が『三河物語』にしるすところによれば、家康は注進をうけると顔面蒼白になったという。

家康は軍議をひらく前に、黒田長政を呼び寄せ、福島正則の説得を頼んだ。尾張清洲二十四万石の城主である正則は、東下した諸大名勢の主戦力であった。

秀吉の甥で、豊臣家の血族である彼は軽率な性格で、みずからの主張を大音《だいおん》声《じょう》で喚《わめ》きだて、一歩も退こうとしない扱いにくい人物であった。

彼が石田三成と戦えば、秀頼に弓引くことになるとして反対すれば、諸将の議論は容易にまとまらないことになる。

正則は三成を蛇蝎《だかつ》のように嫌っている。加藤清正とともに北政所《きたのまんどころ》に育てられたので、淀殿派の三成を敵視するのである。だが、秀頼に背くつもりはない。

もし、軍評定《いくさひょうじょう》の席で正則が三成打倒の態度を表明すれば、秀頼への義理をかえりみためらう諸大名も、同調するであろうと家康は考えた。


彼は黒田長政を本陣へ呼び、正則説得を依頼した。長政は正則の朋友《ほうゆう》である。

家康はかねて長政に目をかけていた。会津征伐のために大坂を出陣する直前、六月六日に姪の保科《ほしな》正忠の娘とめあわせた。

長政は家康から重大な事態に直面していることを聞かされ、ただちに正則説得におもむく。

三成の大坂挙兵の噂は、すでに小山、宇都宮在陣の諸将の間にひろまっている。

正則は家康の危惧《きぐ》した通り、三成を憎んではいるが、秀頼を奉じて戦いを挑んでくるのであれば、抵抗できないと思っていた。

長政は彼を説得した。

「今度の挙兵は、治部（三成）の才覚によっておこったことだ。私はいまさら治部の発起に従い、上方勢に属して戦うつもりはない。治部に味方して勝たせたところで、何の恩賞もくれないだろう。あなたも私と同調して、内府（家康）に味方すべきだ」

正則はためらう。

「大坂に人質を置いているので、うっかりと手を出せない。治部とは仲が悪いが、秀頼公に楯つくごときふるまいはできぬ」

長政は懸命に説いた。

「秀頼公はまだご幼少だから、今度の挙兵を指揮されるはずがない。また人質のことをいえば、あなたとともに当地にきている嫡男刑部殿は、あなたが上方勢にお就きになるとき、内府に人質に取られるであろう。いまとなっては人質のお気遣いはなされることなく、内府に就くべきだ」

（十三）

家康麾下《きか》の会津遠征軍に加わった諸大名の陣営が、西軍決起の報に動揺した様子は、「平尾氏創記」という資料の、つぎの文章でうかがわれる。

「徳川家今度滅亡と、もっぱら申し触れ候。主人々々はいずれへおつきなされ候や。なにとぞ大坂へおつきあれかしなどと、末々にてはつぶやき申し候あいだ、過半大坂方の心持ちになり申し候」

豊臣恩顧の大名たちは、早くも大坂方になびこうとしていた。

だが、黒田長政は必死の弁舌をふるい、福島正則を説得した。

「われらが人質を大坂に捨ておくとも、石田、増田がむげに殺害もいたすまい。寄せ集めの上方勢の、人数ばかりが多くとも、内府に従い取りあいいたすならば、勝ち負けはあきらかなることよ。三成を討ち滅ぼせしのち、貴公に渡す褒美を内書にて内府より貰ってやってもよいぞ」

正則は三成を憎悪しており、ともに戦うつもりにはどうしてもなれない。彼の心中には打算も動いた。野戦の名将といわれる家康の実力は、充分に承知していた。彼は長大息《ちようたいそく》して答えた。

「よかろうでや。ここまで内府と行をともにして、いまさら別れることもできぬ。明日の評定では、貴公のいう通り、内府の味方をいたすほかに道はあるまい」


家康の運命は、このとき大きくひらけた。長い年月の負けぐせの損を、一気にとりもどして余りある大運の端緒をつかんだのである。七月二十五日、家康は小山本陣へ上方諸大名を呼び集め、まず近臣に命じ申し渡させた。

「いずれも妻子以下を大坂に召し置かれ、奉行方に取られ、人質といたされしと聞くなれば、奉行に味方をつかまつられようと存念いたさるる向きは、さようになされよ。一戦ののち、内府さまがお勝ちなされしときも奉行方をなされし衆を、すこしもご如在なくお扱いなされよう」

いなおる大名衆は騒ぎたち、しばらく相談しあっていたが、やがて大半が申し出た。

「いたしかたもなき儀なれば、いったんは大坂へ罷《まか》り登るといたしまする」

このとき福島正則が立ち上がり、大音声に告げた。

「いずれも静まられよ。この左衛門大夫《さえもんたゆう》（正則）は、治部少輔《じぶしょうすけ》（三成）と一味つかまつる筋目《すじめ》のなければ、たとえ人質を串に刺されしとて、見捨てるほかはなしと存じてござるだわ、内府殿には秀頼公に何の異心もなければ、早々上方にむかい、治部少を退治して然るべし。それがしはご先手をいたそうよ」

大名衆は、声を呑んで聞く。正則は顔に朱をそそぎ、彼らの決意をうながした。

（十四）

福島正則の言葉によって、小山の軍評定《いくさひょうじょう》の席に集まった大名たちの決意がかたまった。

正則が尾張の領地で預かっている豊臣家代官所の米三十万石を兵糧としてさしだすといい、黒田長政、細川忠興《ただおき》ら有力な大名十余人が、家康に協力の意志をあらわすと、列席している大名衆は、美濃岩村四万石の田丸忠昌《ただまさ》ひとりを除き、すべてが徳川方になびいた。

家康はさらに、会津征伐を先にするか、西上を先にするかと諸将にたずね、上方征伐を先におこなうべきであるとの決議を得たが、これも巧みな誘導によるものであった。

家康は、小山にしばらく滞在し、戦略を練った。

信濃上田城主真田昌幸《さなだまさゆき》が西軍に加わったが、たいした影響をうけるほどの勢力ではないと見た。

東軍先鋒《せんぽう》は、福島正則、池田輝政が一日交替でつとめることになり、東海道沿いの諸城の城主は、家康に居城《きよじょう》を明け渡した。

上杉景勝への備えとしては、次男結城秀康に二万の兵を与え、宇都宮城に入れる。さらに伊達政宗に、会津領への牽制攻撃を命じた。

福島、池田ら東軍諸将が、おりからの豪雨のなか、西上をはじめたのは七月二十六日であった。

家康は、出立してゆく彼らを眺めつつ、内心の怯えを近臣たちに語った。

「左衛門大夫（福島正則）は先手となりしが、太閤の縁者なれば、二心を抱きおるやも知れず。さすれば、甲斐守（黒田長政）も誘われて奉行方に就くであろうな」

近臣本多正信が進言した。

「福島殿に異心なきやを見さだめるには、黒田殿を道中より召し返さるるがよしと存じまする」

正則に異心があれば、すでに長政を誘っている。長政が正則と通じておれば、呼び戻されても帰ってこないというのである。家康はただちに使者を走らせた。相模愛甲郡厚木で長政に追いついた使者は、家康の意を伝える。長政はただちに小山に戻り、家康はようやく安心した。

家康は、長政に頼んだ。

「もし左衛門が心替わりいたすときは、そなたがいい聞かせてくれい」

長政が依頼をひきうけたので、家康は引出物として、長久手《ながくて》の戦いのときに用いた羊歯《しだ》の兜と梵字の采配《さいはい》を与えた。

家康の立場は、そのような心配をしなければならないほど、あやうかったのである。五十九歳の家康は、天下分け目の大博打に命を賭けていた。

成算など立てられる情況ではない。戦勢が非に傾けば、関東にたてこもるよりほかはなかった。

（十五）

家康は慶長五年（一六〇〇）八月四日、小山の陣所から江戸城に戻った。小山から江戸まで、わずか一日の行程であるが、家康は上杉勢がいつあらわれて、追撃してくるか知れないという、危惧に悩まされていた。

彼は古河から船に乗り、利根川を下って葛西を経て帰城したが、途中の栗橋で上杉勢が押し寄せてきたというデマが飛び、あわてふためいて舟橋を切りはなす。

このため、後続の軍勢が渡河できなくなり、浮き足立った旗本の人馬が大混乱に陥った。江戸城に入った家康は、宇都宮に結城秀康と秀忠の軍勢五万数千が待機しているのに気を許すことなく、籠城《ろうじょう》支度を厳重にととのえた。

家康はこの段階では前途にまったく勝算を抱いていない。ひたすら防衛につとめるのは、上杉景勝が、予想をはるかにうわまわる西軍と呼応して関東に乱入し、徳川一族を破滅の渕に陥れる妄想にとりつかれたためであった。

家康はこのあと、八月三十日まで江戸城に在城する。その間、豊臣恩顧の大名をわが味方につけるため、八十二通の書状を送った。

家康は五大老の筆頭であるが、豊臣政権の長老にすぎない。西軍と戦うとき、秀頼のために君側《くんそく》の奸《かん》を除くという大義名分が必要なのである。

彼は東西いずれの側に就くか、旗幟《きし》鮮明でない外様《とざま》大名に、利をもって誘いつつ威圧を加える、巧みな外交戦術を用いた。肥後熊本城に在城している加藤清正にあてた、八月十二日付の家康のつぎの書状は世に知られている。

「今度上方牟楯《むじゅん》候といえども、別条これなきの由祝着《しゅうちゃく》の至に候。しからば、肥後、筑後両国進め置くのあいだ、成りしだい申しつけらるべき候。この節に候条、随分油断なきように専一に候」

清正が西軍に就けば、九州の外様大名は彼のあとを追うことになるので、思いきって好餌《こうじ》で誘ったのである。

今度、上方で石田らが挙兵したが、あなたは西軍に加担せず、まことによろこばしい。私は肥後、筑後両国をあなたに与えることにする。戦勝ののち、加増《かぞう》を約束するという内容である。

東軍のうち、家康に加担した福島正則、黒田長政ら豊臣恩顧の大名たちは、八月中旬以降、続々と尾張に到着した。総勢は五万余人である。

彼らは美濃へ乱入するため、連日軍評定をおこなうが、肝心の家康がいっこうに出馬してこないので、不安に駆られ、動揺した。

西軍は福島正則の居城である清洲城に間近の犬山、岐阜、大垣などの諸城の防備をかためるため、急速に兵力を集結させていた。

（一六）

家康は大事を決行するとき、石橋を叩いて叩き割らんばかりの、慎重な姿勢をとる癖があった。このときも、彼は江戸城にいて、東西両軍がいつ戦端をひらくか分からない状況になっていても、自軍の外様大名たちをまったく信用していなかった。

清洲にいて、西軍と対時している福島正則は、いっこうに家康があらわれないので、軍議の席上で、本多忠勝、井伊直政ら徳川の部将に怒りをふくんでたずねた。

「内府殿は、先手のわれらを劫《こう》の立てかえになさるおつもりか」

劫の立てかえとは、碁の勝負につかう捨て石のことである。自分たちが捨て石にされるのではないかと、疑惑をあからさまに口にする正則たちは、情勢によっては西軍に寝返りをしかねない。

だが家康は、まず東軍先手の諸大名に戦いをしかけ、敵味方が手切れをした証拠を見なければ、江戸城を出陣しないといった。

家康は福島正則、池田輝政ら先手の諸隊が八月二十一日に木曾川を渡河進撃し、二十三日に岐阜城を陥れたとの通報を二十七日に得て、九月一日にようやく三万二千の旗本勢を率い、江戸城を進発した。

家康は先を急ぐことなく、ゆるやかに東海道を西上しつつ、戦局の変化をうかがう。

秀忠の率いる徳川の主力軍団三万八千は、信濃上田城にたてこもり抵抗する真田昌幸、幸村父子に前進の足をとめられているが、家康はまだその事情を知らない。

九月十一日、尾張一宮に着陣した家康は、秀忠の軍団が美濃に到着していないことを知り、うろたえた。秀忠が率いるのは、大身の大名たちの実戦部隊である。上下の指揮系統のととのった彼らは、いつでも戦闘行動を開始できる。

家康に従う旗本たちは、人数は三万二千であるが、十人、二十人の若党《わかとう》、中間《ちゅうげん》を連れた旗本の集団で、組織行動のとれない烏合《うごう》の衆《しゅう》であった。

秀忠の軍団がどこにいるのか、連絡はまったくとれない。だが、彼らの到着を待てば、戦況は不利に傾くであろうと家康は判断した。

西軍は大垣城に四万五千、西方四里の関ヶ原にはほぼ同数が布陣していた。関ヶ原の西軍のうち、吉川《きつかわ》広家三千、小早川秀秋一万六千の二隊が、確実に東軍に内通する形勢である。

家康は、西軍の総指揮をとる石田三成が、大垣城にいて東軍の行動を見つつ、いかなる対抗手段をとるべきか迷っているとの情報を得た。

大垣城の西軍が、城を出ることなくひたすらたてこもれば、東軍は容易にこれを陥れることはできない。

（十七）

四万の西軍が大垣城にたてこもれば、全兵力をあわせ、ようやく十万の東軍が攻めたところで、長期戦になるのはあきらかであった。

城攻めが長びけば、毛利輝元が秀頼を奉じ、大軍を率いて大垣に出馬してくる怖れがあった。

秀頼が戦場に姿をあらわせば、東軍主力である豊臣恩顧《おんこ》の外様大名たちは、戦いをやめるにちがいない。そうなれば、家康は江戸へ退却するのみである。

石田三成は、家康西上の風説がしきりに聞こえはじめた九月十日、毛利輝元に大垣出陣を懇請《こんせい》する書状を送った。

輝元は書状を読むと、ただちに出陣支度をはじめ、十二日か十三日に秀頼を奉じ、佐和山城へむかおうとした。事態がその通り進展しておれば、家康は窮地に陥ったであろう。

だが輝元は出陣しなかった。大坂城中で、奉行の増田長盛《ましたながもり》が東軍に内通しているとの噂が、ひろまったのである。城中にいる家康の間者（スパイ）がひろめたであろう流言《りゅうげん》を、輝元がたやすく信じ、出馬をとりやめたのである。

輝元が出馬してこないとしても、三成は大垣城にたてこもり、戦況を急展開させなければ、十分に勝機をつかめる。


東軍が大垣城を攻めれば、関ヶ原に布陣している西軍が城下に前進し、挾撃をしかけてくるであろう。そうなれば、東軍はあやうい。

また西軍の戦力は、おそらく十日たらずのうちに大増強される見込みがあった。東軍の細川幽斎《ゆうさい》が五百の兵とともに守る丹後《たんご》田辺城は、西軍の猛将小野木《おのぎ》公郷《きみさと》の率いる一万五千の軍勢の攻撃に、いつ落城するかも知れない瀬戸際に追いこまれていた。

また、琵琶湖岸の大津城で、三千の兵を指揮してたてこもる京極高次《たかつぐ》も、西軍最強といわれる精鋭部隊一万五千に総攻撃をしかけられていた。

寄せ手総大将は輝元の叔父毛利元康、麾下《きか》にはその武名が天下に聞えた立花宗茂《むねしげ》がいた。細川幽斎が降伏開城したのは九月十三日、京極高次が降伏したのは翌十四日であったので、石田三成は迷うことなく大垣城を守っておれば、数日のうちに戦勢は東軍に非となるはずであった。

だが、家康は九月十四日の午の刻（正午）、赤坂村に着陣すると、ただちに軍議をひらき、大垣城の敵を攻めることなく西へむかい、まず佐和山城を抜き、ついで京都へ進攻する方針をきめた。

家康は出撃命令を全軍に下す。情報が西軍に聞こえるように、兵卒の末に至るまで西上を告げた。

石田三成は東軍西上と聞くと、たちまち動揺し、軍議をひらいた。石田の家老島左近は、東軍の前途をさえぎり、関ヶ原で決戦を挑むべきであると進言し、三成以下の諸将は同意した。

（十八）

家康は決戦の機が切迫しているのを知っていた。彼が三十一歳のとき、五十二歳の武田信玄に三方ヶ原へおびきだされ、討死しかねない窮地に追いつめられた経験を、生かすときがきていた。

家康は、三成を罠にかけることに成功した。西軍は九月十四日酉の下刻（午後七時）、関ヶ原への移動を開始した。

降りしきる秋雨のなか、西軍は大垣城に七千五百余の留守部隊を置き、一番万円隊、二番小西隊、三番島津隊、四番宇喜多隊の順序で出発した。総勢三万余人である。

関ヶ原南宮山には、毛利秀元、吉川広家、長宗我部盛親《ちようそかべもりちか》、安国寺恵瓊《えけい》、長束正家《なつかまさいえ》ら二万八千余人が布陣していた。家康は南宮山の西軍と、松尾山の小早川勢が戦闘に参加しなければ、十五日のうちに勝利を得られるであろうとの、見通しをたてていた。

南宮山の吉川広家は、毛利家の所領安堵、小早川秀秋には上方で二カ国を与えるとの好条件を持ちだし、寝返りを約束させている。

だが、戦いがはじまってのちの状況しだいで、彼らは寝返りを思いとどまるかも知れない。広家、秀秋はともに、三成に怨恨《えんこん》を抱いているが、西軍が有利となれば、わが身の立つように考えを変える。秀秋は、大坂方から戦勝ののちは関白職を与えるとの好餌をさしだされている。

家康は、西軍移動の情報をうけると、ただちに麾下《きか》全軍を進発させ、あとを追った。西軍が関ケ原に布陣したのち、時間を置けば、態勢をかためられ、一気に撃破できなくなる。

先鋒の福島正則隊が、濃霧のなかで西軍後尾の宇喜多隊小荷駄《こにだ》（物資運び）と接触し、小競りあいがおこったほど、東軍は急進していた。

戦闘がはじまったのは、霧がはれかけた午前八時頃であった。西軍はいきなり東軍に正面から攻めかけられ、たちまち乱戦にひきずりこまれた。

八万数千の東軍部隊と戦うのは、石田、宇喜多、小西三隊と大谷吉継隊三万五千余人である。南宮山、松尾山の西軍四万四千余人は形勢を観望するばかりであった。

人数において東軍のなかばに及ばない西軍は午前十一時頃まで健闘をつづけ、互角のいきおいを保っていた。

石田三成は、南宮山と松尾山にむけ、合図の狼煙《のろし》をあげさせたが、どちらも動きをあらわさない。南宮山の毛利秀元隊一万五千人はただちに東軍攻撃にむかおうとしたが、彼の前に布陣する吉川広家隊三千人が、動かなかったのである。

家康は関ケ原に到着する前、大津落城の報をうけていたので、全軍を必死に督励《とくれい》した。

（十九）

西軍の石田、大谷、宇喜多、小西の諸隊三万五千余人が、東軍を圧倒するいきおいをあらわしていたのは、午の刻（正午）までであった。

東軍は押されては後退し、本多忠勝らが必死の叱咤《しった》によってかろうじて持ちなおした。松尾山に布陣している小早川勢は、いっこうに寝返りの動きをあらわさない。家康は、このままでは東軍が押し戻され、形勢をうかがっている小早川と南宮山の吉川、毛利らが寝返りをやめ、東軍に襲いかかってくると判断した。

家康は危険な賭けを試みた。銃隊を松尾山へむかわせ、小早川本陣へつるべ撃ちの銃撃をおこなわせた。後世に名高い「問い鉄砲」である。

小早川勢一万六千はついに動いた。彼らは怒濤《どとう》のように松尾山を下り、西軍側面に殺到する。つづいて西軍脇坂安治ら四千二百人がうらぎった。

西軍は三万五千に足りない人数で、九万五千にふえた東軍と戦わねばならなくなり、ついに潰滅《かいめつ》敗走した。

家康はそれまでの負けぐせを一蹴し、漁夫の利を得て大勝を博した。西軍、東軍はともに秀頼の家来である。合戦に参加した家康の部隊はわずか六千余人。東西両軍はいずれも秀頼君側《くんそく》の奸《かん》を征伐するために戦った。家康は東軍の総指揮官にすぎない。

だが、敗北した西軍諸大名から取りあげた領地六百七十万石を、戦功をたてた東軍諸大名に配分したのは家康であった。

大坂城の秀頼は、名目のうえではいまだに全国諸大名の主人であるが、家康は政治の実権を掌握するに至った。

家康は徳川家の所領を、二百五十万石から四百万石にふやし、秀頼の所領は二百万石から六十三万石に減らした。

家康がこのような措置をとっても、諸大名は異議を唱えることができなかった。東軍で戦功《せんこう》をたてた諸大名が予想もしなかったほどの恩賞をうけていたためである。

尾張清洲二十万石の福島正則は安芸広島四十九万八千石、肥後隈本《くまもと》二十五万石の加藤清正は旧領在城のまま五十二万石、丹後宮津二十三万石の細川忠興は、豊前小倉三十六万九千石、豊前中津十八万石の黒田長政は、筑前福岡五十二万三千石である。

家康は近江から東の中部、関東には徳川譜代大名を配置し、豊臣恩顧の大名はすべて近江以東に置いて、わが地位の安泰をはかった。

五十九歳まで、敗戦、挫折をかさねた家康の、負けるが勝ちの戦法は、ついに実をむすび、慶長八年（一八〇三）には征夷大将軍の座につき、江戸幕府を創立した。

関ヶ原の戦い

慶長五年九月十五日（一六〇〇年一〇月二十一日）に美濃国不破郡関ヶ原にて起こった戦い。全国の大名たちが徳川家康率いる東軍と、毛利輝元、石田三成率いる西軍に分かれて戦った。

178
はっきりするまでは、動かない

徳川家康は幼少の頃から織田、今川の人質となり、松平譜代衆《ふだいしゅう》（先祖代々仕えている家臣）を率い辛酸《しんさん》をなめてきた。

その間に、危急に際してもうろたえることなく、地面に根をはやしたかのような不動の粘り腰を鍛えた。

永禄三年（一五六〇）五月十九日の午後二時頃、二万八千の部隊を率い、先手の一万三千余人をすでに尾張へ乱入させていた今川義元が、田楽狭間《でんがくはざま》で織田信長の急襲をうけ死を遂げると、今川勢は潮のひくように撤退していった。

松平元康（家康）は今川勢の一翼として二千五百人の松平衆を率い、桶狭間に近い大高城に在陣していた。

彼のもとへ義元戦死の急報がとどくと、侍大将たちはただちに三河表への退却をすすめた。猪武者といわれる信長の襲撃を怖れたのである。

だが元康は非常の際にあって動揺の色をあらわさず、退却の意見を退《しりぞ》けた。

「義元殿討死いうが、風聞《ふうぶん》ばかりで信ずるに足らない。もし虚報《きよほう》（うそのしらせ）であればいたずらにうろたえたことになり、祖先の令名をはずかしめよう。風声鶴唳《ふうせいかくれい》（おじけづいた人が、些細なことにも驚くさま）に怯える愚をはばからねばならぬ」

日没後、織田勢の侍大将梶川七郎右衛門が、家来をひそかに大高城へつかわし、急変を告げる書状を元康に届けさせた。

「今日未の刻（午後二時）に義元が桶狭間で戦没した。信長公は明朝大高城を攻撃する。いまのうちに退却すべきである」

梶川は元康の伯母の夫である。彼は家康を見殺しにするに忍びないと、通報した。

元康は梶川の書状を披見しても、なお撤退の命令を下さなかった。親戚であっても、敵将のいうことをただちに信ずべきではないと考え、現場をたしかめるため、近習《きんじゅう》（側近）平岩親吉ら数人を桶狭間へ返らせた。

月の出前で辺りはまっくらである。平岩らが田楽狭間に達し、手探りで地上をあらためると、首のない屍体がすべて東方にむけられ、地を覆っていた。

彼らは駆け戻って状況を報告する。元康はようやく退陣をきめた。

「よからあず。義元殿討死に違いなし。ただちに退陣の支度をいたせ」

元康は亥の上刻（午後十時）の月の出を待ち、城を出て三河へむかう。落武者狩りの野武士の大群が前途を遮さえぎたが元康はたちまち撃破して岡崎に戻った。

危機に直面して家康のような慎重な姿勢を保ちうる者は滅多にない。石橋を叩いて叩き割るといわれた彼の粘り腰は、生死の境を切りぬけてきた戦国武士気質の典型というべきものである。

家康の持ち味であるしたたかな辛さと対照的に、甘い判断で亡びた武将もいる。北条氏直である。

家康の幼少時代

家康は不遇の幼少時代を過ごしている。

二歳のとき、母の於大の方が実家の水野家が織田家に寝返ったため離縁される。六歳のときに今川家の人質となるため駿府に向かう途中に、織田家に拉致される。この間、父・松平広忠が死去。八歳のとき人質交換で今川家に引き渡されてからは、成人するまで三河に戻ることはなかった。

182

冷静さを失うと、負ける

（一）

武田信玄が遠江《とおとうみ》、三河に出陣のため兵を発したのは、元亀三年（一五七二）十月三日である。

信玄は、まず部将山県昌景《やまがたまさかげ》に五千の兵を与え、信州伊那口から三河に攻めこませた。山県の別動隊を三河へ南下させ、徳川の諸城を攻撃させれば、徳川家康は本城である浜松城に兵力を集中できない。

山県隊は浜名湖周辺を攪乱《かくらん》したのち、信玄本隊に合流する予定であった。

信玄はさらに信州伊那高遠《たかとお》城主秋山信友に命じ、東美濃に侵入させた。精強な信濃衆を率いる秋山によって、信長の浜松への援軍を牽制する作戦である。

信玄は五十二歳、肺肝の宿痾《しゆくあ》は重く、輿《こし》に乗ってようやく出陣できる状態である。

歯がすべて抜け落ち、口中には、はくさという腫物ができていた。

大坂石山本願寺顕如《けんによ》、北近江《おうみ》の浅井長政、越前の朝倉義景、近江の一向一揆は、織田信長の攻勢にさらされ、信玄が西上作戦の行動をおこすのを待ちわびていた。

信玄は本隊約二万七千人を率い、十月十日に青崩《あおくずれ》(長野県下伊那郡、長野、静岡の県境)を越え、遠江に入った。途中の徳川諸城を一蹴して、まっすぐ天竜川東岸を南下し、太平洋沿岸の木原(磐田郡)西島(同上)に布陣した。いずれも袋井(袋井市)西方二十町ほどのところにある集落である。

武田勢は、扶桑随一《ふそうずいいち》、すなわち日本最強といわれた騎馬軍団であった。

戦国大名の軍団編成は、兵七、八人に軍馬一頭の割りあいであるが、武田勢は二戦五人に軍馬一頭である。

その破壊力はすさまじく、四倍の敵を撃破する能力があるといわれていた。

信玄は陣前に孫子の旗と呼ばれる大幟《おおのぼり》を立てていた。
「はやきこと風のごとく
しずかなること林のごとし
侵掠《しんりやく》は火のごとし
動かざること山のごとし」
という、孫子の軍令篇にある文字が、紺地に金泥《きんでい》で書かれていた。
信玄は父信虎からうけついだ甲斐《かい》二十万石のほかに、信濃、西関東、駿河に版図をのばし、いまでは百三十万石に達する身代になっている。
彼は遠江を席捲するため、東海道第一の大城廓である浜松城にたてこもる、家康に戦いを挑み、大打撃を与えようとしていた。

家康は、八千余の兵とともに、浜松城にいた。城を守って野戦におびきださなければ、たやすく攻め落とされることはない。

彼は三十一歳であった。

（二）

信玄は袋井付近に布陣して、東方の有力な家康属城である掛川、高天神《たかてんじん》（静岡県小笠郡）と浜松城との連絡をことわった。

信玄は山県昌景、秋山信友の二つの別動隊を、三河、美濃に派遣しているので、信長の援軍の襲来を牽制できる。

家康は東海道随一といわれる浜松城にたてこもっておれば、長期戦に持ちこめる。

攻城戦で早期に結着をつけようとすれば、十倍の兵力が必要であるため、信玄は家康が城にたてこもれば、その死命を制することができなくなる。

彼が浜松に近い天竜川の東岸に布陣したのは、西岸の浜松城にいる家康を刺戟し、面目にかけても出撃してくるように、しむけるためであった。

当時の武田騎馬軍団は、日本最強というよりも、世界最強というにふさわしい破壊力をそなえていた。


三方ヶ原の合戦があった元亀三年（一五七二）から二十一年後の文禄二年（一五九三）正月、世界最強といわれた明国の満洲駐屯騎兵団三万余が、結氷した鴨緑江《こうりよくこう》を渡河し、南下してきた。司令官は猛将李如松《りじょうしょう》である。

彼らは平壌を守っていた小西行長ら一万三千の兵を蹴散らし、ソウルへむかってきた。

このときソウル在陣の日本軍、小早川隆景、黒田長政、立花統虎《むねとら》らが、ソウル北方約四十キロの碧蹄館《へきていかん》の丘陵地帯で迎撃した。

日本軍の戦死者は二千、明軍の戦死者は六千、軍馬一万頭が倒れ、李如松は一敗地にまみれ退却した。この戦歴と比較すれば、武田勢の戦力は世界最強であったと想像できる。

小幡景憲《おばたかげのり》という兵学者の書いた、『甲陽軍鑑《こうようぐんかん》』という本に、武田と徳川の戦力がどれほどかけはなれていたかを推測しうる挿話がある。

あるとき、浜松城の真近を武田の小者九人が通行していた。いずれも主人の衣装などを入れた挟み箱を擔《かつ》いでいる。

彼らを見つけた徳川の騎馬武者三騎が、城内から出てきた。普通小者であれば、槍をたずさえた騎馬武者を見れば、荷物を放りだし逃げうせる。

だが武田の小者たちは腰の脇差を抜き、徳川の騎馬武者と渡りあい、二人を追い退《しりぞ》け、ひとりを生け捕りしたのである。

この出来事は珍事というにふさわしかったので、諸国に喧伝《けんでん》された。信玄麾《き》下《か》の侍大将山県昌景《まさかげ》は歎《なげ》いたという。

「これは武田の軍兵が、一兵卒に至るまで自己過信に陥っている証拠だ。この先、猪突猛進して失敗することがなければよいが」

家康は浜松城にたてこもっていれば、信玄の攻撃を防げるが、それでは武将の名目が立たないと、焦ってきた。

（三）

老獪《ろうかい》な信玄は、家康をおびきだそうとはかっていた。

二万七千の大軍を、袋井付近に集結させているうち、遠江一帯の地侍たちが先をあらそい、臣従《しんじゅう》を願ってきた。

家康は、このうえ浜松城に籠っていては、領内の信望を失うと見て、十月十三日の朝、三千の兵を率い、天竜川を渡って東海道見付（磐田市南方）に出向いた。遠州の地侍たちが、このうえ信玄になびくのを防ぐための、威力偵察である。

だが信玄は、家康の動きを早くも察していた。家康はおよそ一万の武田勢の待ち伏せをうけ、見付の町を焼き、近道をとり退却しようとした。

地の利にうとい武田勢の追撃を、容易にふりきることができると思った家康主従は、予想をうらぎられた。

武田勢は徳川勢の退路に先まわりしてきて、ついに天竜川の手前で前途をさえぎった。


このとき、本多平八郎忠勝が足軽鉄砲衆五百を指揮して応戦し、家康はようやく命拾いをした。

信玄は六日後の十月十九日、天竜川河口から五里さかのぼった、二俣《ふたまた》川との合流点にある徳川方の二俣城を攻めた。

すでに信玄の部将山県昌景《まさかげ》の率いる別動隊が、浜名湖東岸に連出し、三河から徳川援軍の通路を遮断《しゃだん》していた。


信玄は家康撃滅の作戦を、着実に進めていた。彼は二俣城の水源を断ち、降伏させると守将以下の城兵をすべて解放した。遠江、三河一帯の地侍たちを、武田方になびかせるためである。

信玄は、家康が浜松城から出て、野戦をしかけてこないではいられないような情況を、つくりだしていった。

信玄は二俣城を修築し、甲府から二俣までの通路を整備して、十二月二十日まで動きをあらわさなかった。その間、浜松城を攻めることなく三河にむかうという風聞をひろめさせた。三河から尾張、美濃に進み、信長と雌雄《しゆう》を決するというのである。

この頃遠江の地侍の大半が信玄に帰服していた。信玄は家康と戦う前に、実利を得ていたわけである。家康の面目は、まるつぶれとなった。

十二月二十日の夜更け、家康の放った間者《かんじゃ》（スパイ）が、浜松城に戻って注進した。

「甲州の者どもは明朝早立ちいたし、三河へむかいまする。」

浜松城は麾下《きか》八千の兵と、織田の援軍三千がいる。城内には長期の籠城《ろうじょう》に堪えうる兵糧、兵器がたくわえられている。しかし、家康は出撃したい誘惑を押えきれなかった。

(四)

家康は、信玄が浜松城を攻めてくれば、籠城して、三、四カ月をもちこたえるだけの兵糧、兵器を支度していた。

武田勢の攻撃に堪えているうちに、信長が援軍を率い出向いてきて、信玄は退陣せざるをえなくなるであろう。

だが、間者の情報では、信玄は浜松城の北方を通過して、三河へむかうという。家康は、籠城して武田勢を見逃せば、武士の面目にかかわると考えた。

「信玄が大軍勢を引きつれ、わが屋敷の裏庭を横切って通るのを、いながらにして咎《とが》めざるは、いかがなものか」

家康は、このまま萎縮しておれば、わが威勢は地に落ち、味方の士気は今後ふるわなくなるばかりであろうと考えた。

彼は、信玄の思う壺にはまって動きはじめた。武田勢は、大天竜、小天竜を渡り、秋葉街道を横切って、三方ヶ原の北端を横断し、三河に入るはずである。

家康は十二月二十日辰の上刻（午前八時）、麾下八千と織田の援軍三千余を、三方ヶ原南端の小豆餅《あずきもち》付近に布陣させていた。三方ヶ原は、浜松城の北方にひろがる、東西二里、南北三里の台地で、北端が海抜五十メートル、南端が三十メートルで、南北いずれからも見通しがきく。

まもなく視野にあらわれた武田勢は、三河にむかわず、浜松にむかい秋葉街道を南下してきた。

家康はおどろき、全軍を浜松に後退させ、城を背に迎撃態勢をとった。

信玄はあきらかに家康をおびきだそうとしていた。彼は全軍を二隊に分け、本隊二万を、浜松の北方五十町の有玉《ありたま》（浜名郡）まで南下させると、進路を西に変えて、小豆餅の北二十町の追分に進出停止させた。

支隊の五千人は、本隊よりもさらに南下したのち、西進して小豆餅に至った。

支隊の役目は、浜松城に対する本隊の援護である。

全軍は追分附付近集結し、行軍縦列を組みかえた。後方から攻撃してくるであろう徳川勢と戦う用意である。

追分で一刻（二時間）ほどの間止していた武田勢は、三方ヶ原をゆるやかに北へむかいはじめた。


家康は、もはやためらいを忘れていた。信玄は、やはり三河へむかうのだ。そのあとをつけ、全隊の展開ができない隘路《あいろ》にさしかかったところを狙い、攻めかかろうと決断した。

信玄には、三河へむかうつもりはない。家康をおびきだし、野戦をしかけてくれば、完膚なきまでに撃破して、遠江を手中に収めればよい。信長との決戦は、関東経営を終えたあとのことである。

（五）

三十一歳の家康は、五十二歳の老檜な信玄の誘いの罠に、完全に陥った。

家康は、自分ではふだんの慎重な判断力を鈍らせていないと思っていた。

――まだ仕懸《しか》けてはなるまい。信玄坊主は、急に引返してきて、こなたを術中に陥れるやも知れぬ――

しばらく攻撃をさしひかえて追尾《ついび》し、武田勢が長蛇の列をつらね、地形の複雑な場所にさしかかったとき、全力をあげ速攻すれば、勝機は充分にある。

家康は十九歳のとき、二万八千の今川勢の先手となって、尾張乱入の作戦に参加した。

――あのとき、信長殿は三千に足らぬ人数で大勝ちをいたされた。いま儂の連れておる人数は、武田の半ばに近い。地形をえらんで仕懸ければ、勝機はある――

信玄は、自軍の後方を追ってくる徳川勢が、縦長の陣列をしだいに左右にひろげ、鶴翼《かくよく》の隊形をとるのを見て、できるだけ浜松城から離れた場所で、決戦に持ちこもうと考えた。

家康は、三方ヶ原の北端、祝田《ほうだ》の坂を武田勢が下り、浜名湖の方角へむかうときに、長く延びた陣列へ、突撃するつもりでいた。

武田の大軍が狭隘《きょうあい》な地形にさえぎられ、全力を発揮できないうちに、横槍を入れ分断するのである。

武田勢の緩慢《かんまん》な足取りは、祝田の坂へ近づくにつれ、いっそう遅くなった。坂の下り口に達した彼らは、動きをとめた。

辺りは暮色につつまれ、吹雪がはげしくなってきた。

宵闇をすかし、様子を見守っていた徳川勢が、動揺してどよめいた。武田の全軍が、つけいる隙を与えない迅速な動きで、陣形を変えたためである。

はじめに仕懸けたのは、武田の先手、小山田信茂《おやまだのぶしげ》隊三千余人であった。徳川の先手石川数正隊千二百人が突撃すると、小山田隊は退却して誘いこむ。たちまち乱戦となったが、半刻（一時間）もたえないうちに、徳川勢は総崩れとなった。

武田の騎馬隊と槍衆の猛攻を支える力は、徳川勢にはなかった。

家康は浜松城へ退却する三里ほどの道程の間、幾度か武田武者の重囲に陥り、あやうく死ぬところであった。旗本の精鋭たちが身代りとなって名乗りをあげ、命を捨てたおかげで、ようやく帰城できた。

千数百の損害を出した家康は、この一戦で貴重な教訓を得た。

二十八年後、家康が関ヶ原合戦で、大垣城にたてこもる石田三成を、野戦におびきだした戦法は、信玄を反面教師として身内にたたきこまれたものであった。

鶴翼の陣形

アルファベットの「V」の字のように軍勢を整える陣形である。敵が攻めてきたら両端から攻め込み、敵を陣内に追いつめる形である。他に有名な陣形として、魚鱗《ぎょりん》、鋒矢《ほうし》、車掛《くるまかかり》、長蛇《ちょうだ》などがある。

いい部下に恵まれる

戦国大名の家来には、大きく分けると譜代衆《ふだい》と新参衆《しんざん》があった。譜代衆とは父祖代々から仕えている家来で、新参衆は新規に帰服した家来である。

信長は父信秀病死ののち、麾下《きか》の地侍たちが多く今川義元、斎藤道三らのもとへ奔《はし》ったので、所領は二十万石から八万石に減った。動員兵力は、一万石につき三百人で計算して、六千人から二千四百人に減った。そのうえ、相続してまもなく、信長の母土田御前が、彼を廃嫡《はいちゃく》（家督を継がせないこと）して織田家を弟の信行に継がせようとした。

親戚がすべて信行に味方し、信長は危急存亡の事態を迎えたが、那古屋《なごや》城にたてこもり、執拗な反撃作戦をはじめた。

このとき、信長と生死をともにして戦ったのが、七百人の馬廻《うままわ》り衆であった。

彼らは譜代衆で、鉄の団結を誇っていた。侍の意地をつらぬくために、破滅を怖れない。

徳川家康の譜代衆は、矢作《やはぎ》川流域の松平十八郷に住んでいた松平衆である。家康が、今川義元の属将として、戦場に出たとき、常に損害の多い先手を命ぜられた松平衆は若い主人のために身を挺して戦った。

このため、松平衆の多くは肉親を戦場で失い、わが身にも負傷する者が多かった。

有名な老臣の「鬼作左」こと本多作左衛門重次は片方の眼と片足を戦場で失っていたという。

戦国大名が乱世を生き抜くためには、主人と情においてつながる譜代衆が必要不可欠であったのである。

才覚、技術を買われ、あらたに傭《やと》われた新参衆は、主人が落ち目になれば、他にはたらき口を求め離散してゆく。主従の関係は、所詮利害関係にとどまるものであった。譜代衆を擁していない大名の運命は、豊臣秀吉を見れば分かる。

秀吉は信長の草履取りから成りあがり、全国二千二百万石を統率する天下人《てんかびと》に成りあがった。その直《ちょく》支配領は二百数十万石、世界最大のゴールド・ラッシュのさなかにあった日本の富を掌中にした彼が、大坂城に貯蔵した金銀の量は、どれほどであったか想像もできない。

だが秀吉が没してわずか二年後に関ヶ原合戦がおこり、その結果、家康が政権を掌握して徳川幕府を創始するに至った。

巨大な豊臣政権がなぜたやすく崩壊したか。一代で成りあがった秀吉のもとには、直参衆はいたが譜代衆がいなかったためであるといえよう。

利害をこえる主従のつながりは、危機を突破する戦力をうみだす。いま、企業の終身雇用制度が、アメリカを見ならい崩れかけているが、譜代衆の団結の強みをふりかえる必要はないか。

家康を支えた譜代衆たち

家康を支えた譜代衆のなかでもとくに名高いのは、徳川四天王と呼ばれた酒井忠次、本多忠勝、榊原康政、井伊直政である。武勇、政治力ともに優れ、徳川家の隆盛に多大な貢献をした。これに十二人を加えた徳川十六神将といわれる分類もある。

第四章　武将たち

戦国武将たちの成功と失敗

BUSHOU

生きること

戦国武将の辞世には、「夢」の字のつかわれている例が多い。

豊臣秀吉は
「つゆとおち　つゆと消えにしわが身かな
なにわのことも　夢のまた夢」
と詠じた。

上杉謙信の辞世はつぎの通りである。

「四十九年夢中酔
一生栄輝一盃酒」

織田信長が愛謡《あいよう》した謡曲「敦盛《あつもり》」の一節は、つぎの通りである。

「下天《げてん》のうちをくらぶれば
夢まぼろしの如くなり。
ひとたび生をうけて
滅せぬもののあるべきか」

下天とは四王天《しのうてん》のことで、仏教における欲望の世界である。そこでの一日一夜は、人間世界の五十年にあたる。

彼らが人生を夢と見たのは、栄枯盛衰の苛烈な現実をきりぬけるうちに、命のはかなさを身にしみて感じとったためであろう。

わが身ひとつが頼りの乱世を生きた男たちは、いずれも徹底したリアリストであった。

彼らは現実を見きわめ、わが生涯も過ぎてみれば一瞬の夢にすぎないと覚《さと》っていた。

死ねば灰になるまでと思いきわめつつ、命あるうちは全力を燃焼させ、前途をさえぎるものを打ち倒そうと立ちむかっていった、はげしい攻撃性の持ち主である。

戦国武将に必要な資質は、情報を分析する鋭敏な感性と判断力、勇気である。霧につつまれた前途へ踏みだすとき、道は四方八方へ枝分かれしている。

どの道へ踏みだすべきかを幕僚と協議する時間もないとき、彼らは智力と勇気をふりしぼり、興廃の運命を賭けて一歩を踏みだし、生きのびてきた。

武将たちは、常に最善の道をとる必死の努力をつづけてきたわけであるが、その間に運に扶《たす》けられた例を見出すことはめずらしくない。歴史に名を残した武将は、すべて驚嘆すべき強運の持ち主であったといえよう。

その生涯をたどってゆくと、これでもうすべておしまいだと観念したであろう窮地に追いつめられた経験を、幾度もかさねているのを知る。

破滅の断崖に立たされた彼らは、思いがけない局面の展開によって、大開運に導かれる。

松下幸之助氏は、人生の成果のうち、九十五パーセントは運によってもたらされたものであるといった。

戦国の生存競争を勝抜いてきた武将たちの感懐《かんがい》も、おそらくは松下氏と同様であったのではないか。

かたときの憩いをとる暇もなく、前途に立ちふさがる敵と闘いつつ死を迎えたとき生涯を「夢」と見たのである。

辞世

「辞世」とは、死に瀕した際に読む俳句や和歌、詩のことである。大概は生前に残して置いてあったらしい。

徳川家康は「嬉しやと 再びさめて 一眠り 浮き世の夢は 暁の空」と詠んだ。

208

生き残るむずかしさ

（一）

戦国時代の大名は、戦うことが宿命であった。戦国百年の間日本は法治国家ではなく、力が正義であった。

大名が家門《かもん》を存続させるためには、前途にあらわれる敵と戦い、征服か講和のいずれかの手段をとって、生きのびる道を求めねばならない。

敗北すれば、領国財宝はもとよりわが命までをも失う。彼を庇護者と頼んでいた家来たちは、征服者のもとへなだれをうっておもむく。

そのような戦乱の時代が百年もつづけば、生まれから死ぬまでの間、殺人、暴行、放火、掠奪の絶えまない危険きわまりない明け暮れを、人生であると思っている人々が存在していたわけである。

戦国大名が、人生を夢と見たのは当然であろう。彼らが戦場に出るとき、一万人ほどの軍団を率いておれば、十三段から十七段ぐらいの陣形を組む。大将は十一段ぐらいの後方にいるが、合戦がはじまると、先手にいる足軽と、後方の本陣で大勢の旗本《はたもと》勢に囲まれている大将が、どちらも同程度の危険にさらされる。

戦闘はまず鉄砲の撃ちあいからはじまる。接近してくると矢戦、印地《いんじ》打ち(石投げ)がおこなわれ、やがて三間(約五、四メートル)柄の足軽槍の槍あわせから白兵戦になる。

刀槍をふりかざした将兵は、敵の大将の旌旗《しょうき》、馬標《うまじるし》の立っているところへ殺到する。どれほど大勢の家来に囲まれていても、大将は危険にさらされる。

大将が戦場に出ると、自分の居場所を全軍に明示するために、旌旗、馬標を身近に立てねばならない。そうしなければ士気がふるい立たず、敵に狙われるのはやむをえないことであった。

行政官僚であった明智光秀が、補給戦である城攻めには長じていたが、野戦に出たのが生涯にただ一度、最期の山崎合戦のみであったのは、司令官の危険に満ちた状況を知りつくしていたためであろう。

いったん野戦に出ると、生死は運しだいである。戦国大名は出撃するたびに、命を捨てる覚悟をきめていたのである。

戦国百年の間台頭した英雄たちは、いずれも人なみはずれた強運の持ち主であった。織田信長は生涯に百三十度の野戦を体験し、生き抜いてきた。秀吉は百五十度である。

毛利元就《もとなり》は壮年期まで小豪族であったので、ゲリラ戦を数多くおこない、二百六十余度、戦場往来をかさねた。

なみの運勢の持ち主であれば、十度の野戦に生き抜くのもむずかしいのではないか。

勇敢で明断な資性の持ち主ある戦国大名が、現世の浮沈をつかのまに過ぎる夢にすぎないといったのは、滅亡してゆくライバルを、あまりにも多く見たためであろう。

（二）

戦国期におこった剣術の流派のひとつに、新陰《しんかげ》流がある。上州大胡《おおご》城主であった上泉《こういずみ》伊勢守は合戦に破れ城を捨て流浪するうちに剣の工夫をこらし、天下に名をあげるまでに至った。

その流儀秘伝のなかに、「心の下作り」という教えがある。それはいつ、どのような場所にいても、敵の襲撃に最高の条件で対応しうる、心の準備のことである。

道を歩いているとき、乗物に乗っているとき、食事をしているとき、客と座談をしているとき、厠《かわや》に入っているとき、寝ているとき。いつでも敵の刀槍、弓鉄砲の攻撃にそなえる、心の準備をするのである。

それは常に想像力を極度に駆使《くし》しなければならない訓練であった。どこから襲いかかってくるかも知れない相手に対抗するのは、刀槍などの武器を持っているときばかりではない。素手で風呂に入っていても、心の下作りをしていなければならない。

目覚めている間、一瞬も気を許さず、そうするうちにそれが習い性となって、どこにも隙《すき》のない立居《たちい》ができるようになる。

無刀取りという技も、心の下作りをつきつめていって、出現した。素手で相手の刀を取るには、時に応じていろいろの技があるが、「一円《いちえん》」という技は、実際に使う場合を考えてみただけでもおそろしくなる。

敵が刀をふりかぶっている下に前かがみになり、背を丸める。斬りかかってきたとき左前にすりぬけながら、敵の刀の柄を握り、とっさにひねる。

そんな技が秘伝として伝えられる時代はいまのわれわれには想像もできないほど、危険に満ちていたのであろう。

当時の日本に生きていた数千万人の男女が、身を守る工夫をしなければならなかったとすれば、彼らの間に格闘術の天才が続々とあらわれて当然である。現代の野球やサッカーなどのスポーツとは比較にならない必要に迫られ、身につけなければいけない技術であったためだ。

百年間の乱世の間、日本人の野性はとぎすまされ、獰猛《どうもう》な闘争本能は際限もなく発達した。三国の史書に、「倭寇《わこう》（中世、朝鮮や中国沖側で暴れまわった日本人海賊）は虎狼《ころう》である」と記されている。

戦国大名は虎狼のともがらを率い、自らを拡張するための戦をおこない、あるものは成果を手中にしたが、敗者は死ぬか、生きていても現世にまったく希望を持てない零落《れいらく》の境涯《きょうがい》へ突きおとされた。

だが、彼らは戦いをやめようとはしなかった。敵に屈服すれば、生きながらに死にひとしい屈辱に堪えねばならないからである。

戦場でのむごたらしい死の有様を見た大名たちは、たとえ生存闘争に勝ったとしても人生は夢のように頼りがたいものであると覚っていた。

（三）

森長可《ながよし》という武将がいた。織田信長の家臣可成《よしなり》の二男で、永禄元年（一五五八）に生まれ、天正十二年（一五八四）に二十六歳で死んだ。

長可は父可成の遺領を継ぎ、美濃金山《かなやま》城主となったが、天正十年二月、信濃高遠《たかとお》城攻めに功をたて、信濃四郡二十万石の領主となった。

信長の死後、美濃の旧領に戻り、秀吉の味方についた。長可は池田恒興の女婿で、秀吉と親密であった。

天正十二年三月、秀吉は十二万余の軍勢を率い、尾張小牧《こまき》へ出陣し、徳川家康、織田信雄の三万余と対陣した。

このとき、長可は舅《しゅうと》の池田恒興と出陣し、長久手《ながくて》付近合戦でともに討死を遂げた。

長可は出陣の前、秀吉近臣の尾藤甚右衛門に、自筆の遺言状を渡していた。

その内容は、つぎのようなものであった。

「宇治にある名物の沢姫茶壷《さわひめちゃつぼ》と、山城仏陀《ぶつだ》寺にある台天目茶碗《だいてんもくちゃわん》は私の所有であるが、討死したときは秀吉に進呈しよう。私の死後、母親は秀吉から生活費をもらい、京都に住んでほしい。

末弟の千丸は、ひきつづき秀吉に奉公せよ。私の跡目はたてず、絶やしてほしい。妻は里方（実家）の大垣池田家へ戻せ。

遺品はすべて千丸に与える。娘のおこうは京都の町人か医師に嫁入りさせよ。母はかならず、かならず京都に住んでもらいたい」

鬼武蔵と異名をとった猛将長可にしては、ふしぎな遺書である。娘をしかるべき大名に嫁がせず町人か医者の配偶者を見つけよというのはどういうわけか。長可は歴戦の武者であったが、死と直面する武将の生死に飽きはてていたのである。

彼の父可成は、信長と草創期から苦楽をともにしてきたが、元亀元年（一五七〇）九月、近江坂本で朝倉、浅井連合軍三万に対し、六百の小勢で突撃、討死した。四十八歳であった。

弟の森蘭丸、坊丸、力丸はいずれも本能寺の変のとき、信長の傍にいて明智の軍勢と戦い、それぞれ殉じた。享年は十八歳、十七歳、十六歳であった。

長可は肉親の無残な最期を悼《いた》み、遺族を武将の生活から遠ざけようとしたのである。


「武士道は死ぬことと見つけたり」

と『葉隠《はがくれ》』に説いているが、そういえるのは平和な徳川時代に生きていたためであった。

明日の命も知れない切迫した明け暮れを送っていた侍たちは、家族むつまじく長命できる暮らしを、切望していた。

（四）

戦国期の武士道は、武勇と廉恥《れんち》を重んじた。江戸時代の武士道は忠孝である。

武勇廉恥と忠孝をくらべてみると、前者のほうが、虚飾がないといえよう。弱肉強食の戦国時代、戦場を馳駆《ちく》する武将たちは、武士道の意地をつらぬくために、命を捨てた。

元亀元年（一五七〇）六月二十八日、織田信長勢二万五千と徳川家康勢五千が、八千の浅井長政勢、一万一千の朝倉景健《かげたて》勢と、近江姉川で激突した。史上に有名な姉川の合戦である。浅井、朝倉勢は敗北し退却したが、激戦で野の草は血で染められ、戦場一帯は血原と呼ばれるようになった。

織田勢は十三段の縦深陣形を組んでいたが、戦いがはじまると浅井勢がまっしぐらに突撃してきた。

このため、明けがたから午後一時頃までの間、織田勢は十一段まで打ちやぶられ、敗色濃厚となったが、家康の応援でようやく頽勢《たいせい》をもちなおした。

朝方の戦いで、織田の先陣坂井右近隊二千余人は、四分五裂となり、敵味方の区別もつかないまま退却した。

一刻（二時間）ほどの白兵戦で、全軍の三分の一を失う死闘のなか、右近の息子久蔵《きゅうぞう》は十五歳の紅顔の美少年であったが、退却することなく敵中に斬り入って戦死した。その郎党たちも久蔵に殉じた。

久蔵は戦国武士の意地を、身をもってあらわした。朝倉勢は徳川勢と戦ううち、しだいに押され、ついに総崩れになった。朝倉本陣勢に、身長七尺の真柄《まがら》十郎左衛門という豪傑がいた。彼は戦場に踏みとどまり、五尺三寸の大太刀をふるい、徳川の武者を斬りまくった。

敵を斬った大太刀《おおたち》の切先が、いきおいあまって地面にくいこみ、四、五十間四方の地面が、すき返した田のようになった。

敵三十数人を斬り伏せ、力尽きた十郎左衛門は、力をつかいはたし、立っているのがようやくであったが、逃げようとしない。徳川勢は十郎左衛門の武勇を惜しみ、鉄砲を撃ちかけない。十郎左衛門、声をふりしぼって叫んだ。

「われらこそは、世にかくれなき鬼真柄なり。われと思わん者は寄りて仕掛けよ」

徳川勢の勇者、匂坂《さぎさか》式部が大身の槍で十郎左衛門の足を薙《な》ぎ払おうとしたが、肩口へ斬りこまれて倒れる。

式部の弟五郎次郎が槍をつけたが、左手を斬り落された。十郎左衛門はその場に膝をつき、合掌していった。

「もはやこれまで、この首を取って功名いたせ」

式部の三弟六郎五郎が、ようやく十郎左衛門の首をはねた。勇壮《ゆうそう》な武士道の精華といえる最期であった。

戦国時代の刀

武将の持ち物といえば刀である。そのなかでも由緒伝来に優れた五振りの刀があり、天下五剣と呼ばれている。

①童子切安綱《どうじきりやすつな》　国宝。東京国立博物館所蔵。②鬼丸国綱《おにまるくにつな》　宮内庁所蔵。③三日月宗近《みかづきむねちか》　国宝。東京国立博物館所属。④大典太光世《おおでんたみつよ》　国宝。前田育徳会所蔵。⑤数珠丸恒次《じゅずまるつねつぐ》　重要文化財。本興寺所蔵。

機会があったら見てみるのも一興だろう。

220 統治のお手本。老人パワー、早雲

北条早雲は、もとの名を伊勢新九郎長氏という。伊勢の浪人で、壮年の頃駿河《するが》にきて、今川義忠の家来になった。長氏の親族の女が義忠の側室であった縁を頼った、という説がある。

長氏は義忠の子氏親《うじちか》の代に、富士の裾野の興国寺城の城主であった。所領は二万石ほどである。

延徳三年（一四九一）長氏が七十歳のとき、伊豆の領主足利政知が子の茶々丸に殺された。長氏は百姓をにわか仕立ての兵士として率い、伊豆に乱入し、

茶々丸を殺して屋形を占領し、ひと月の間に伊豆一国をわがものとした。足利家は足利将軍家の分家で、堀越公方《くぼう》と呼ばれた名門である。この長氏の下剋上が戦国時代のはじまりとされる。戦国乱世は、それ以後およそ百年間つづく。

長氏は北条氏を称し早雲庵勝瑞と名乗って、八十八歳で亡くなるまでに相模一国を手中にし、関東三百万石の書となる素地を築きあげた。すさまじい老人パワーを発揮したものである。

北条早雲が晩年に大成功を収めたのは、施政方針が寛大で、それまで五公五民であった年貢を軽減して、農民の所得を六割にしてやったためであるといわれる。

早雲の所領に隣りあっている国の住民たちは、彼の領民になりたいとひそかに願った。早雲は常にいった。

「民は国主の子供領民の親である。国主が子をいつくしみ、子が親になついて当然である。近頃、諸国大名は欲心が深く、四割の年貢を払うのもたいへんであるところを、五割も取りあげ、合戦がおこれば矢銭《やせん》、火事があれば棟別銭《むなべつ》をふやすなどさまざまの名目をつけては税を取り、百姓をいためつけている。それでいて、自分たちは贅沢をして、春は花を賞《め》で、秋は月見と浮かれている。
これにひきかえ、重税を払わねばならない百姓たちは、もがき苦しみ、わずらって餓死する者もいる。他人を苦しめて、わが身のうえがいつまでも好運でいられるはずがない。儂《わし》の領地のうちでは、四公六民《しこうろくみん》の年貢のほかに、一銭たりとも召しあげてはならない。国主と百姓は、水と魚のように和合しなければならぬものだ」

他国の領民は早雲の善政の噂を聞き、北条勢力が攻めいると、たちまち協力の姿勢をあらわした。

早雲は、味方につく者は旧領を安堵してやるが、敵対すれば徹底して攻撃し滅亡させた。このため侍も百姓も、われがちに早雲に帰服した。
徳をもって諸人をなびかせる早雲の施政に、立ちむかえる敵はなかった。

四公六民

この時代の税金は米である。収入を十と考え、そのうち四割を税金とし、残りの六割を農民の手元に残すこと。これは当時ではかなり少ない値である。

名経営者、北条一族

大豪族が出現する過程をみれば、初代が開拓し、次代が力をたくわえ、三代で大発展をする。

北条氏は早雲の没後、二代氏綱が大永四年（一五二四）正月に上杉朝興を攻め、居城の江戸城を奪った。また大永六年には里見義弘《よしひろ》と鎌倉鶴岡で戦って勝ち、天文六年（一五三七）には上杉朝定《ともさだ》と河越で戦い、河越、松山二城を陥れた。

翌七年には足利義明、里見義堯《よしたか》を国府台《こうのだい》に破り、その勢力を房総に至らしめた。

氏綱が天文十年（一五四一）に没したのち、氏康が三代当主となった。彼は非凡の才腕をそなえた武将であった。

氏康は天文十三年（一五四四）から天文二十年にかけて、上杉憲政、足利晴氏と戦い、関東管領《かんれい》の上杉はついに越後へ出奔《しゅっぽん》し、関東が北条の勢力圏に入った。

さらに天文二十三年（一五五四）、氏康は関東公方《くぼう》足利晴氏《はるうじ》を古河城に攻め、撃破した。永禄三年（一五六〇）八月になって、越後の長尾景虎（のちの上杉謙信）が上杉憲政を奉じて関東に攻めいった。

景虎に呼応する関八州の武士団は十万を超え、上野の沼田、厩橋《うまやばし》の二城は落とされた。氏康は、小田原城にたてこもり、長尾勢の攻囲に堪えた。長尾勢は、ついに小田原城を陥れることができず、引き揚げた。やがて、武蔵、上野、房総も北条の版図に加えられてゆく。

北条氏が、三代の間でめざましい発展を遂げたのは、国富が周辺の国々よりもはるかにぬきんでていたことによる。

北条氏の領国が富裕であったのは、初代早雲以来、租税を軽くしていたためである。

当時の大名は、五公五民以上六公四民という租税を用いていたが、北条氏は四公六民の標準で課税し、そのほかには課役なども一切おこなわなかった。

このため領民は安心してはたらくことができ、自然に産業がさかんになっていった。

初代早雲は、人心収攬《じんしんしゅうらん》が巧みであった。延徳三年（一四九一）、五百の士卒を率い伊豆に攻めいったとき、百姓たちは賊が押し寄せたと思い、山へ逃げた。だが、早雲は陣所の前に制札を立て、三カ条の禁制を記した。
一、空家に踏みこんで、物に手をかけてはならない。
二、一銭の値打ちのある物は取ってはならない。
三、伊豆国中の武士、百姓は、その在所を離れてはならない。

この三法によって、住民の動揺はたちまち鎮静し、北条の領民になることをよろこんだ。ここに北条氏繁栄の基本となる、領民撫育《ぶいく》策がさだまったのである。

小田原評定

北条氏の政策は、当時独創的なものが多かった。有名どころとしては月二回開かれた重臣会議「小田原評定」である。自由な意見の交換がなされ、家臣団の結束を高める政策であった。また、決定事項の文書化など、現代の経営にもつながる政策も多かった。

健康であるよう心がける

228

関東三百万石を支配していた後北条氏の北条氏康は、身に七つの刀剣をうけ顔に二カ所の向こう傷をうけており、顔の傷を氏康傷と呼ばれた猛将である。

だが、彼の家族に対する取締りは細心であった。彼は自分の七男三郎に対し、つぎの手紙を与え、大酒をたしなめている。

「一、ふるまい酒は、朝飯のときに飲むがよい。大酒をしてはいけない。三杯ぐらいにとどめておけ。夜食の酒は限度がなくなるものだ。

一、下知《げち》を受けず、城の虎口へ出てゆく者は、即時に改易《かいえき》(解雇)されねばならない。もし北条家が認めねばならない申し出であれば、即座に申し出させよ。

一、家中の者が他の陣所へ出かけ、大酒を飲み、喧嘩口論をするのはいけない。なお、この三カ条を、お前が破っているようであれば、ただちに義絶《ぎぜつ》する」

宛手の三郎は、氏康の七男氏秀である。氏秀は変化に富んだ生涯を送った。幼い頃、人質として甲斐に送られて、武田三郎となったが、永禄十年(一五六七)十月、武田と北条の同盟が破談になったので小田原に返された。さらに永禄十二年(一五六九)、氏康と上杉謙信の和睦が成立したのち、翌元亀元年(一五七〇)四月、人質として越後へ送られ、やがて謙信の養子として景虎と改名した。

この手紙は永禄十一年に書かれたものなので、氏康は五十四歳、氏秀は十六歳であった。

氏康は酒が好きであった。謙信から昆布、鱈、干鮭を送られたとき、三駄の酒樽を名づけられたか、名酒の味わいを楽しんでいる。

だが度を過ごした酒は、身を破るもとであるとして、はばかった。

室町幕府の第四代将軍足利義持《よしもち》は、子息義重の酒好きであるのを心配し、近臣三十六人に今後、義持の許可なく飲酒させないという誓書を出させた。

毛利元就も、孫の輝元の深酒をたしなめている。元就は下戸であったので、飲酒についての戒めはきびしい。

「親兄弟が若死《わかじに》したのは、酒のためである。長命するためには酒を飲んではならない」

氏康、元就のように生涯の大半を戦場で過ごした武将たちも、家族の飲酒については厳格で、氏康などは教えに背いた者は義絶するとまでいっている。

当時の酒宴は、宵にはじまると朝までつづき、出席した人々は乱酔するまで飲み通したので、たしかに健康に悪かったのであろう。

戦国時代の酒

戦国時代の酒は、どぶろくのような濁酒であった。清酒は鎌倉時代から寺院で作られ「僧坊酒」と呼ばれていたが、かなりの高級品であった。

スジの通し方

232

戦国時代は実力をそなえた部下が、主人を倒して所領を奪うことを当然と見た、下剋上の時代であったが、名を重んじ、恥辱をうけないためには死を怖れない侍が、多かった。

天正十四年（一五八六）、筑前岩屋城の城主高橋紹運《じょううん》は、大友宗麟《そうりん》の属将であった。

薩摩の島津と大友との九州制覇の争いが激化して、島津勢が北上し、主将義久の率いる大軍が岩屋城を包囲した。

守兵はわずか七百で、大友の来援はなく、全滅の悲運が目前に迫っていた。

島津義久は紹運にすすめた。

「あなたはこれまで善戦して、主家への責務を充分に果たした。この夏は降伏して、わが麾下《きか》につき、尽力してもらいたい」

紹運はことわった。

「栄枯盛衰《えいこせいすい》は世のならいである。主家の衰亡を見捨て変節するのは、弓矢とる身の恥辱である。松は千年の寿を保つというが、ついには朽ちる。人生は朝露の日影を待つようなものだ。ただ長く世に残るのは義名である」

紹運は城兵七百余人とともに玉砕した。

石田三成の家老蒲生郷舎《がもうさといえ》は、子の大膳《だいぜん》とともに関ヶ原で討死を遂げた。大膳は日頃から、つぎのような母の教訓をうけていた。

「私はお前の富貴を願わないわけではない。しかし、侍の家では昔から名を重んじるのが習いである。およそ物事は二つを兼ねることができない。身を全うして名を忘れては、生きのびてもしかたがない」

播磨《はりま》三木城主別所長治《べっしょながはる》は、羽柴秀吉の大軍に糧道を絶たれ、落城もやむをえない状況に至ったとき、城兵の助命を条件に自害した。

彼の辞世は、つぎの通りである。

「命ヲモ惱マサリケリ梓弓《あずさゆみ》　末ノ末マテ名ヲ思ウ身ハ」

長治を介錯《かいしゃく》した三宅備前入道も、切腹した。彼は死ぬ前に、つぎのような感慨を述べた。

「儂は家老の家に生まれたが、家老職を命せられず、主君に対する不足は山のようにある。だが厚恩をうけた者が誰ひとりとして切腹しないので、儂がお供いたす」

このような最期もまた、名を惜しむ侍のとる道であったであろう。

長篠《ながしの》設楽原《しだらがはら》合戦のとき、扶桑随一《ふそうずいいち》（日本最強）といわれた武田騎馬軍団に属し、織田方に生け捕りにされた多田久蔵という侍がいた。彼は美濃出身で、武田譜代の家来ではない。捕えられたとき、素裸に緋の褌《ふんどし》をしめているだけで、なぜ具足を捨てたかと聞いても理由をいわない。

久蔵の勇名を知っていた信長が、仕官をすすめ縄を解いてやると、いきなり傍の槍を奪って四、五人を突き倒し、斬り殺された。これもまた名を惜しむ侍の姿であった。

主君と家臣

新参衆という名称があるように、武士にとって主君を替えることはこの時代恥ではなかった。スカウトされるもの、親類縁者のつてで就職先を探す者や、活躍する場を求めて、各地を転々としながら命を賭けられる主君を探し求める武士もいた。

戦国時代の日本

戦国時代、日本の人口は三千万をこえ、四千万に接近していたといわれる。

工業における技術力もきわめて高度であった。鉄砲がヨーロッパから日本へ伝わったのは、天文十二年（一五四三）であるといわれるが、日本の刀鍛冶は鉄砲製造の技術をきわめて短期間に習得した。銃身をつくる際、芯金にリボン状の鉄を巻きつけてゆくのであるが、もっとも困難とされるのが、銃身の尾栓をはめるために内ねじを切ることである。

その技術を身につけた鍛冶屋たちは、その後二十五年間に、世界で最高水準の火縄銃を、世界でもっとも大量に生産するようになった。

当時、大航海時代のリーダーであったスペインの人口が六百七十万、イギリスが三百五十万、ポルトガルが百五十万であったのにくらべると、日本は世界有数の大国で、天正三年（一五七五）には、世界陸戦史最初の大銃撃戦をおこなった。

長篠設楽原で、三千数百挺《ちょう》の鉄砲を用い、武田勝頼麾下《きか》一万五千の騎兵軍団を潰滅させたのは、織田信長であった。

鉄砲を発明したヨーロッパで、同程度の規模の銃撃戦がはじめておこなわれたのは、三十年戦役後期であったといわれるので、およそ七十年後のことである。

信長は世界海戦史の新記録を持っている。天正六年（一五七八）十一月、鉄張りの軍船六隻で毛利水軍七百隻と堺沖で戦って撃破し、いったん奪われていた大坂湾の制海権を取り返した。

六隻に五千人乗れるといわれた鉄船は、天正四年から伊勢の大湊で建造された。

吃水線上には二ミリから三ミリの鉄板を鋲で張りつけ、総矢倉造りで、両舷には無数の大鉄砲（三十匁玉筒）をそなえ、前矢倉には、口径十三センチの重砲（一貫匁玉筒）三門を置いたという。

六隻の鉄鋼戦艦が堺に入港したとき、ポルトガル、イエズス会の司祭ルイス・フロイスが見物にきていった。

「こんな軍船は王国にもない。大砲はどこから買ってきたのか」

王国とは、スペイン、ポルトガルの意である。無敵艦隊を擁するスペインは、工業が発達しておらず、大砲鋳造の技術を持っていなかったが、日本では鉄砲から類推して、測距儀のついた優秀な大砲を、近江国友鍛冶がつくった。

信長の海戦新記録は、二百年ほども破られなかった。彼についで軍船に鉄を使いはじめたのは、ネルソンである。

近頃、イギリスを中心に、ヨーロッパの政治学者が、日本の戦国時代の再検討をはじめている。産業革命がヨーロッパより早くおこなわれる可能性があったと、見られるためである。

戦国時代の鉄砲

この時代の銃は、火縄銃である。砲身の先端に弾を込める「先込め式」の銃であり、幕末まで実践に使われた。

産地としては近江国友、日野、堺、根来などが主要であった。

おわりに

乾坤一擲

乾坤《けんこん》とは天地のことで、乾坤一擲は、のるかそるかの勝負をいう。敵がきわめて強大で、常識ではとても勝ちめがないというときにあきらめた者は、消滅してしまう。

戦国動乱の時代に勝ち残った者は、到底だめだと思わざるをえない逆境に身を置き、あくまでも攻撃性を失わなかった人物である。

織田信長は天文三年（一五六〇）二十四歳のとき、桶狭間合戦で強敵今川義元の本陣勢へ斬りこみ、壊滅させた。

今川勢は二万八千の兵力で、織田勢は三千に満たない。尾張は標高八十メートルの小山がひとつあるだけの平野で、三河との国境から信長の居城の清洲城まで三里（約十二キロメートル）である。その間に、五条川という小さな川があるだけだ。

正面衝突すれば、織田勢はたちまち蒸発する。

清洲城の家老たちは籠城するしか手がないと考えていた。籠城すれば、十倍の敵に対してもしばらくは持ちこたえられる。そのうちに機を見て降参すれば、命は助かるが、先手《せんて》（最前線）ではたらかされる。

今川勢の先鋒《せんぽう》（最前戦で戦う部隊）で戦場に出ると、当然矢玉《やだま》の楯になり、使い潰されてしまう。しかし、ひどい目にあわされつつも、生きのびるチャンスは皆無とはいえない。

だが信長は降参して生きのび、恥をかく苦痛よりも死の苦痛をえらぶほうがいいと考える性格だった。彼はあらゆる知恵を絞り、忍者を使い、謀略を用い、それでも勝つ可能性のないと思える生涯ただ一度の冒険に挑み、勝った。

秀吉は長浜城主のとき、信長の命令に背き、死刑を覚悟で北陸前線を無断離脱、中国攻めを懇願し、許されて大発展の端緒《たんちょ》をつかんだ。

家康の関ケ原合戦も、必敗の条件がいくつもあるなか、わずか数時間の戦事で、数において勝る西軍を瓦解させた。

最後まで勝負をあきらめないで勝利を得た、好例である。

津本 陽

昭和 4 (1929) 年、和歌山県生まれ。東北大学法学部卒業。剣道三段。抜刀道五段。13 年間のサラリーマン生活を経験後、昭和 41 年より同人雑誌『バイキング』に参加。同年、『丘の家』で直木賞候補になる。昭和 53 年『深重の海』（新潮社）により第 79 回直木賞受賞。平成 7 年『夢のまた夢』（講談社）で第 29 回吉川英治文学賞を受賞。平成 9 年紫綬褒章受章。平成 15 年旭日小綬章受章。平成 17 年第 53 回菊池寛賞受賞。

著書に、『下天は夢か』（講談社）『異形の将軍・田中角栄の生涯』（幻冬舎）『椿と花水木』『巨眼の男 西郷隆盛』（新潮社）『名こそ惜しめ』『弥陀の橋は』（文藝春秋）ほか多数。

装丁　TYPEFACE　渡邊民人
本文デザイン　TYPEFACE　小林裕司
装丁イラスト　山本重也
組版　横内俊彦

最強の英傑たちに学ぶ
勝ちの掟

2009年6月17日　初版発行

著　者　**津本陽**
発行者　**野村直克**
発行所　**総合法令出版株式会社**
〒107-0052　東京都港区赤坂1-9-15
日本自転車会館2号館7階
電話　03-3584-9821(代)
振替　00140-0-69059
印刷・製本　**中央精版印刷株式会社**

ISBN978-4-86280-160-9